KB102866

간디의 편지

삶의 태도에 관한 열여섯 편의 에세이

간디의 편지

모한다스 K. 간디
이현주 옮기고 풀이함

원더박스

머리말

1930년 예라브다 형무소에 수감되어 있을 때 나는 아쉬람의 기본 계戒, 계율에 대한 간략한 해설을 편지에 담아 한 주에 한 번씩 사트야그라하 아쉬람에 보냈다. 아쉬람의 영향이 지리적 경계 너머로 이미 퍼져 있었으므로 편지의 사본들이 여러 곳에 전달되었다. 편지가 본디 구자라트어로 씌어졌기에 그것을 힌디어를 비롯한 다른 인도어들로 그리고 영어로 번역할 필요가 있었다. 스리 발지 데사이가 영어로 완역해주었다. 그는 재수감된 나에게 상대적으로 한가한 여유 시간이 있는 걸 알고 나에게 번역된 원고를 봐달라며 보내왔다.

나는 그것을 조심히 살펴보며 내가 말하고자 한 의미를 살리기 위해서 몇 구절 손을 대었다. 무엇을 첨가할 필요는 거의 없었다. 만일 영어권 독자들을 위해 새로 쓴다면 완전히 다른 글을 써야 할 것이다. 하지만 그건 나에게 주어진 일이 아니다. 그리고 영어권 독자들로서도 1930년 아쉬람 식구들에게 밝힌 내 생각의 흐름을 그대로 읽어보는 게 괜찮은 일일 것이다. 그래서 본디 요지에 손댈 자유를 최소한으로 줄인다.

예라브다 형무소에서

1932. 3. 6.

M. K. 간디

독자에게

내 글을 부지런히 읽는 독자와 그것들에 흥미가 있는 다른 이들에게, 나는 시종일관을 보여주는 데 아무 관심이 없음을 말해두고 싶다. '진실'을 탐구하는 과정에서 나는 많은 생각들을 버렸고 많은 새 것들을 배웠다. 나이 비록 늙었지만 나의 내적 성장이 끝났다거나 육신의 소멸과 함께 그 성장이 멈출 것이라는 느낌은 없다. 내 관심사는 순간에서 순간으로 '진실'에, 나의 신神에 복종할 준비를 갖추는 것이다. 따라서 내가 쓴 두 글에 일관성이 없을 경우, 여전히 내가 제정신인 사람이라고 믿는다면, 같은 주제를 다룬 두 글 가운데 나중 것을 선택하는 것이 좋겠다.

M.K. 간디

차례

일러두기

1 이 글에서 가장 중요한 단어들 가운데 하나인 'Truth'를 '진실'로 옮긴다. 흔히 '진리'로 번역되는데, 그것은 철학적 관념을 연상시키는 뉘앙스가 있고 간디가 말하는 것은 구체적 삶에서 구현되는 무엇이므로 '진리'보다는 '진실'이 원의에 가깝다고 판단해서다.

2 본문에 대문자로 표시된 단어는 작은따옴표(' ') 안에 담았다. (예. Truth→'진실')

3 'God'은 일반적으로 '하느님'으로 번역되는데 그리스도교 전용어로 오해받을 소지가 있어 '신神'으로 옮긴다.

4 '기타'는 '바가바드 기타'를 일컫는다.

5 책은 겹꺾쇠표《 》, 노래는 홑꺾쇠표〈 〉, 편집 과정에서 첨가한 설명은 대괄호([ ])로 구분하여 표시했다.

6 각 편의 글 말미에 있는 글은 간디의 편지에 붙인 옮긴이의 주석이고, 각주는 모두 편집자주이다.

"하나의 이상을 이해하고 그것을 이루기 위하여,
그게 아무리 어렵더라도, 초인적인 노력을
기울이는 것이 사람의 길이다."

— 간디

진실

사트야그라하 아쉬람의 존재 근거가 '진실'을 추구하고 의식적으로 그것을 수련하는 데 있느니만큼, 무엇보다 먼저 '진실'에 대하여 말하겠다.

'사트야'(진실)는 '존재'를 뜻하는 '사트'sat에서 나온 말이다. '진실' 말고는 아무것도 존재하거나 실존하지 않는다. '사트' 또는 '진실'이 신神의 가장 중요한 이름인 이유가 여기에 있다. 실인즉, 신이 '진실'이라고 하기보다는 '진실'이 신이라고 말하는 게 더 옳다. 하지만 통치자 또는 사령관 없이 우리가 지낼 수 없듯이, 신을 부르는 '왕들의 왕'이라든가 '전능자'라는 이름은 일반인들 사이에 남아 있고 남아 있을 것이다. 그래도 깊이 생각하면, '사트' 또는 '사트야'가 유일하게 정확하고 완전한 의미를 담은 신의 이름인 것을 알게 되리라.

'진실'이 있는 곳, 거기에 무엇이 '진실'인지를 아는 앎이 있다. '진실'이 없는 곳에는 진실한 앎이 있을 수 없다. 그렇기 때문에 진실한 앎이 신의 이름에 결부되는 것이다. 진실한 앎이 있는 곳, 거기에는 언제나 지복이 있다. 슬픔은 있을 곳이 없다. '진실'이 영원하므로 거기에서 오는 지복도 영원하다. 그래서 우리는 신을 자기 안에서 '진실'과 '앎'과 '지복'을 아우르는 분으로 안다.

'진실'을 향한 헌신이야말로 우리의 존재를 정당화해주는 유일한 것이다. 우리의 모든 행위는 '진실'에 중심을 두어야 한다. '진실'이 우리의 호흡이어야 한다. 순례자의 여정에서 일단 이 단계에 이르면 올바른 삶을 위한 다른 모든 규범들이 노력 없이 지켜질 것이고, 그것을 따르는 것이 본능처럼 될 것이다. 하지만 '진실'이 없으면 삶의 어떤 원리나 규범을 지키는 것 자체가 불가능해진다.

일반적으로, '진실'의 법을 지키는 것이란 진실을 말하기만 하면 되는 것으로 이해된다. 하지만 아쉬람에 사는 우리는 '진실'이라는 단어를 제대로 이해해야 한다.

좀 더 넓게 보면, 생각 안에 '진실'이 있고 말 안에 '진

11

실'이 있고 행동 안에 '진실'이 있어야 한다. '진실'을 온전히 깨달은 사람에게는 모르는 무엇이 남아 있지 않다. 모든 앎이 그 안에 들어 있기 때문이다. 그 안에 들어 있지 않은 것은 '진실'도 아니고 진실한 앎도 아니다. 진실한 앎이 없으면 내면의 평화가 있을 수 없다. 실패할 리 없는 '진실'의 시험대를 쓸 줄 알게 되면 무엇이 할 만한 가치가 있는지, 무엇이 볼 만한 가치가 있는지, 무엇이 읽을 만한 가치가 있는지를 가려낼 수 있을 것이다.

하지만 현자의 돌이나 카마데누*와 비슷한 '진실'을 누가 어떻게 깨칠 것인가? 오롯한 마음으로 '진실'에 몰두하고 삶의 다른 것들에서는 관심을 거두라고 '기타'는 제안한다. 하지만 그렇게 함에도 불구하고, 이 사람한테는 진실인 것이 저 사람한테는 진실 아닌 것으로 보일 수 있다. 그렇다고 해서 '진실'을 찾는 이가 걱정할 건 없다. 다른 진실로 보이는 것들이 같은 나무의 헤아릴 수 없이 많은 다른 잎

● '현자의 돌'은 값싼 금속을 금으로 바꾸거나 사람을 젊게 만드는 전설 속의 물질이고, '카마데누'는 인도의 창조신화에 나오는 소원을 들어주는 소이다. 둘 모두 실현 불가능한 이상을 일컫는다.

들인 것을 언제고 알게 될 테니까. 신은 여러 모습으로 여러 사람에게 당신을 나타내 보이지 않는가! 그래도 우리는 그분이 한 분임을 알고 있다. 그리고 '진실'은 신의 다른 이름이다. 그러니 사람들이 저마다 자기 빛을 좇아서 '진실'을 따르는 데는 아무 잘못이 없다.

실은 그렇게 하는 것이 그들의 임무다. 혹여 '진실'을 좇는 데 무슨 잘못이 있더라도 저절로 바로잡혀질 것이다. '진실'을 추구하는 데는, 때로 죽음에 이르는 자기-고통이 수반된다. 그 길 위에는 자기-이익을 위한 한 점의 자리도 있을 수 없다. 그렇게 자기를 내세우지 않고 '진실'을 좇으면 누구도 오래 길을 잃어버릴 수 없다. 잘못된 방향으로 길을 걷다보면 넘어지기 마련이고, 그러면 바른 길로 방향을 수정하게 된다. 그러므로 '진실'을 추구하는 것이야말로 신을 향한 진정한 봉헌이다. 그것은 우리를 신에게로 인도하는 길이다. 거기에는 비겁한 자, 패배한 자를 위한 장소가 없다. 그것은 죽음을 영원한 삶으로 가는 문으로 바꿔놓는 부적이다.

이에 연결시켜서 하리슈찬드라, 프라흘라드, 라마찬드라, 이맘 하산, 이맘 후사인, 그리스도교 성자들의 삶과 모범을 연구해보는 것이 좋겠다. 우리 모두 젊었든 늙었든 남자든 여자든, 몸의 소멸이 우리를 '진실'과 하나로 만들 때까지, 일하든 먹든 마시든 아니면 놀든 간에 깨어 있으면서 우리 자신을 온전히 '진실'에 바칠 수 있다면 얼마나 아름다운 일이겠는가? '진실'인 신은 나에게 값을 매길 수 없는 보물이다. 우리 모두에게도 그렇기를 바란다.

예수는 자기를 가리켜 길이고 진실이고 생명이라고 했다. 단어는 셋이지만 내용은 하나다. 진실이 곧 길이고 생명이다. 하지만 세상에 내가 진실을 보았다고, 그래서 진실을 안다고 말할 사람은 아무도 없다. 진실은 사람의 말에 담길 수 없는 무한 허공과 같은 것이다. 하지만 아무도 세상에 허공이 없다고 말할 수 없듯이, 진실이 없다고 말할 수 없다.

간디의 일생은, 자기 말대로, 보이지 않고 들리지 않지만 도저히 그 있음을 부인할 수 없는 '진실'에 대한 사랑이고 열정이고 헌신이었다. 그 사람이야말로 진

실의 제상에 차려진 희생 제물이었다. 예수의 삶과
죽음이 당신 아버지인 신에게 바쳐진 예물이었듯이.

아힘사

지난주에 우리는 '진실'로 가는 길이 얼마나 곧으면서 좁은 지를 알아보았다. 아힘사(비폭력)의 길 또한 그렇다. 그것은 칼날 위에서 균형을 잡는 것과 같다. 곡예사는 집중함으로써 줄 위를 걸을 수 있다. 그러나 '진실'과 아힘사의 길을 가는 데 요구되는 집중력은 그보다 훨씬 크다. 조금만 부주의해도 바닥으로 떨어진다. 사람은 끊임없는 노력으로만 '진실'과 아힘사를 실현할 수 있다.

하지만 죽을 수밖에 없는 육신의 틀에 갇혀 있는 한, 우리가 '진실'을 완벽하게 구현한다는 것은 불가능한 일이다. 우리는 다만 우리의 상상 속에서 그것을 그려볼 수 있을 따름이다. 우리는 이 하루살이 육신을 써서 영원한 '진실'을 대면할 수 없다. 우리가 최후 수단으로 믿음에 의존해야 하는 이유가 바로 이것이다.

죽어야 하는 육신으로 '진실'을 온전히 구현할 수 없다는 사실이, '진실'을 추구하던 옛적의 한 구도자를 비폭력의 가치로 이끌었다. 그가 맞닥뜨린 질문은 이런 것이었다. "나를 힘들게 하는 자들을 견뎌낼 것인가? 아니면 그들을 파멸시킬 것인가?" 남들을 계속 파멸시킨 사람은 자기 길을 가지 못하고 자기 있던 자리에 머물 따름이었지만, 힘들게 하는 자들을 견뎌낸 사람은 자기 길을 앞으로 나아갔고 동시에 자기를 힘들게 하던 자들도 함께 데리고 갔다는 사실을 그는 깨달았다. 처음으로 한 파괴 행위에서 그는 자기가 추구하는 대상인 '진실'이 자기 바깥에 있지 않고 자기 안에 있음을 배웠다. 더 많은 폭력을 행사할수록 그는 그만큼 더 '진실'에서 멀어졌다. 자기가 적이라고 생각한 자들과 바깥에서 싸우느라고 자기 안에 있는 적을 알아보지 못했기 때문이었다.

우리는 도둑들이 우리를 괴롭힌다고 생각하여 그들을 벌준다. 그 결과 그들이 우리를 가만 내버려둘지도 모른다. 하지만 그건 눈길을 다른 희생자에게로 돌리는 것일 뿐이다. 그리고 그 다른 희생자는 한 인간이며, 다른 모습을 한 우리 자신이다. 따라서 우리는 돌고 도는 악순환에 갇히고 만다. 훔치는 게 자기 일이라고 도둑들이 생각하는 한, 그들로 인한 골치 아픈 일들은 늘어만 간다. 결국 우리는 도둑들을 벌주는 것보다 참고 견뎌주는 것이 더 낫다는 사실을 깨닫게 된다. 그렇게 참아주는 것이 그들로 하여금 정신을 차리도록 해줄 수 있기 때문이다. 도둑들을 참고 견딤으로써 우리는 그들이 우리 자신과 다를 바 없는 사람이고 우리의 형제요 친구들로서, 벌로 다스려질 존재가 아님을 깨닫게 된다.

하지만 도둑들을 참아주되 그들로 인한 고통까지 그냥 놔둘 일은 아니다. 그것은 비굴함을 키워줄 뿐이다. 그런즉 우리한테는 더 큰 임무가 있다. 도둑들을 우리의 친지와 친척으로 여긴다면 그들에게 친족관계가 어떤 건지 깨우쳐주어야 한다. 비록 아프더라도, 우리는 그들을 이기는 방법과 수단을 찾아야 한다. 그것이 아힘사의 길이다. 그것은 계속해서 고통이 따르고 끝없는 인내가 요청되는 길이다.

이 두 가지 조건이 갖추어질 때 도둑은 마침내 그의 악한 길에서 돌아서기 마련이다.

이렇게 우리는 한 걸음 또 한 걸음 세상 모든 이들의 친구가 되는 법을 배우고 신 곧 '진실'의 위대함을 실현한다. 우리의 고통에도 불구하고 마음의 평화는 계속 커진다. 우리는 더욱 용감해지고 더욱 진취적으로 바뀐다. 영구히 지속되는 것과 그렇지 않은 것의 차이를 분별하는 법도 배운다. 우리의 교만은 녹아버리고, 우리는 겸손해진다. 세속에 대한 집착이 사라지고 우리 안에 있는 악惡도 날마다 사라져간다.

아힘사는 겉으로 보여줄 수 있는 무슨 물건이 아니다. 온갖 생명 있는 것들을 해치지 않는 것은 의심할 나위 없이 아힘사의 한 부분이다. 하지만 그것은 최소한의 표현이다. 아힘사 원리는 모든 악한 생각, 지나친 서두름, 거짓말, 미움, 누구를 해코지하려는 마음 따위들에 의해서도 상처받는다. 세상에서 살아가는 데 필요한 무엇을 우리가 움켜잡을 때도 아힘사 원리는 훼손당한다. 하지만 우리가 세상에서 살려면 날마다 무엇을 먹어야 한다. 우리가 서 있는 바로 이 자리에서, 거기에 속해 있는 수백만 미생물들이, 우리가 서 있는 것만으로 상처를 입는다.

어쩔 것인가? 자살이라도 해야 할까? 영spirit이 육flesh에 집착하는 동안에는 한 몸이 소멸할 때마다 영이 다른 몸으로 옮겨 간다고 우리가 믿는다면, 자살 또한 해결책이 아니다. 몸은, 우리가 그것에 대한 집착을 모두 포기할 때에만 존재하기를 그칠 것이다. 온갖 집착으로부터의 해탈, 이것이 곧 '진실'인 신에 대한 깨달음이다. 이 깨달음은 서둘러서 얻을 수 있는 게 아니다. 몸은 우리한테 속한 것이 아니다. 우리는 몸이 지속되는 동안에만 우리에게 맡겨진 것으로 알고 그것을 사용해야 한다. 몸을 이렇게 다룬다면 언제고 몸의 짐으로부터 자유로워지는 날을 기대할 수 있으리라. 몸의 한계를 깨달아 알려면 우리 안에 있는 힘으로 날마다 이상理想을 이루고자 노력해야 한다.

앞서 말했거니와 아힘사 없이는 '진실'을 찾고 발견할 수 없다. 이는 분명한 사실이다. '아힘사'와 '진실'은 서로 깊이 얽혀 있어서 그것을 해체하여 분리하는 일은 실제로 불가능하다. 그것들은 동전의 양면 또는 구겨지지 않은 철판의 양면과 같다. 어느 쪽이 앞면이고 어느 쪽이 뒷면인지 누가 말할 수 있는가? 그래도 '아힘사'는 수단이고 '진실'은 목적이다. 수단이 수단이려면 우리가 언제든지 그것을 쓸 수 있어야 한다. 그러기에 아힘사는 우리의 으뜸가는 임무다. 조심히 수단을 쓰다보면 조만간 목적지에 이르기 마련이다. 우리가 이 사실을 붙들고 있는다면 마지막 승리는 의심의 여지가 없다. 어떤 곤경을 만나더라도, 어떤 외견상 역경을 당하더라도, 우리는 신 자신으로 존재하는 '진실'을 향해서 걷기를 포기하지 않을 수 있다.

꿀

우리 현실은 온갖 모양을 한 인간-폭력의 전시장이다. 아무도 부인할 수 없는 사실이다. 이 엄연한 현실 앞에서 간디가 제시한 대처 방안이 아힘사다. 그것은 이미 존재하는 폭력에 대한 비굴한 굴종도 무모한 투쟁도 아니다. 폭력 앞에서 폭력에 굴하지 않고 자기 길을 뚜벅뚜벅 걸어가는 자유인만이 디딜 수 있는 발걸음이다.

예수는 왼뺨을 때리는 자에게 오른뺨을 돌려대라고 한다. 그냥 한 대 맞고 참으라는 게 아니다. 일어나서 두 배로 갚으라는 건 더욱 아니다. 상대가 전혀 예측 못했을 제3의 방법, 사랑의 다른 이름인 비폭력으로, 폭력 앞에서 폭력에 굴하지 말고, 네 길을 가라는 거다.

폭력을 극복하는 길은 반反폭력에 있지 않고 비非폭력에 있다. 어디에 어둠이 있다는 건 그 너머에 빛이 있다는 반증이다. 이 세상의 인간—폭력이 입증하는 것은 폭력의 존재가 아니라 비폭력으로만 구현될 수 있는 진실의 존재다.

폭력 앞에서 폭력을 보지 않고 그것이 증명하는 진실을 본 사람, 그리고 그 진실이 가리키는 길을 걸은 사람, 그가 바로 아힘사의 사도, 간디였다.

브라흐마차르야

우리가 지키는 세 번째 계는 브라흐마차르야(금욕)다.

모든 계는 '진실'로부터 나오고, '진실'에 이바지하려고
존재한다. '진실'과 결혼해서 오직 '진실'만을 숭배하는 사
람이 자기 재능을 다른 무엇에 쓴다면, 자신이 '진실'에 성
실치 못함을 보여주는 것이다. 그가 어떻게 다른 감각들을
만족시킬 수 있단 말인가? 철저한 자아-없음을 요구하는
'진실'을 구현하는 데 자신의 모든 것을 바친 사람은, 자
녀를 낳고 가정을 꾸리는 이기적 목적에 쓸 시간이 없다.
자기-만족을 통하여 '진실'을 구현한다는 것은, 앞에서 뭐
라고 말했든지 간에, 앞뒤가 맞지 않는 말이다.

아힘사의 관점에서 보면, 철저히 자기를 비우지 않고서
는 아힘사를 온전히 이뤄낼 수 없다. 아힘사는 '우주적 사

랑'Universal Love을 뜻한다. 한 남자가 한 여자에게, 또는 한 여자가 한 남자에게 온전한 사랑을 준다면 세상 모든 나머지들에게 줄 무엇이 남아 있겠는가? 그건 그저 이렇게 말하는 셈이다. "우리 둘이 첫째다. 나머지는 모두 악마나 가져라." 충실한 아내가 오직 자기 남편을, 충실한 남편이 오직 자기 아내를 섬길 준비가 되어 있어야 하듯이, 이기적 목적에 자기 재능을 쓰는 사람들이 '우주적 사랑'의 높은 경지에 오르거나 인류를 자기 친지 또는 친척으로 보살필 수 없음은 분명한 사실이다. 그들의 집안이 크면 클수록 그만큼 '우주적 사랑'에서 거리가 멀다. 그러므로 아힘사의 법에 따르고자 하는 사람은 결혼할 수 없다. 하지만 이 말은 부부의 결속 바깥에서 만족을 찾으라는 게 아니다.

이미 결혼한 사람들은 어쩔 것인가? 그들은 '진실'을 결코 구현할 수 없는가? 사람됨의 제단에 자신의 모든 것을 바칠 수 없는 건가? 그들에게도 출구가 있다. 결혼하지 않은 사람처럼 처신하는 것이다. 이 행복한 조건을 즐기는 사람들은 내 말에 수긍할 수 있으리라. 나처럼 아는 다른 많은 사람들이 이미 실험을 해보았다. 결혼한 커플이 상대를 형제와 누이로 대할 수 있으면 그들은 우주적 섬김universal service을 자유로이 실천할 수 있다. 세상 모든 여자들을 자기 누이로 어머니로 또는 딸로 아는 바로 그 생각이, 마침내 그를 품위 있는 사람으로 만들고 그의 사슬을 끊어줄 것이다. 여기서 남편과 아내는 아무것도 잃지 않는다. 오히려 자기 자원資源과 가족의 수에 보탬이 있을 따름이다. 그들의 사랑은 욕정의 불순함에서 자유로워지고 그리하여 더 강해진다. 욕정의 불순함이 사라지면서 그들은 상대를 더 잘 섬길 수 있게 되고, 서로 다투는 일도 갈수록 줄어든다.

위에서 말한 것의 참뜻을 이해했다면, 이제 몸의 순결에서 오는 혜택이 무엇인지 살펴보자. 감각의 쾌락을 얻겠다면서 생명 에너지를 의도적으로 낭비한다면 얼마나 어리석은 짓인가! 한 남자와 한 여자에게, 그의 육신과 정신의 능력을 충분히 펼치고자 주어진 몸의 만족감을 헛되이 낭비하는 것은 중대한 오용이다. 바로 그 오용이 많은 질병의 원인이 된다.

브라흐마차르야 또한, 다른 모든 계들과 마찬가지로, 생각과 말과 행동으로 지켜져야 한다. '기타'에서 말하기를, 겉으로는 자기 몸을 통제하는 듯 보이지만 그 마음속에서 나쁜 생각을 기르고 있다면 그건 어리석은 사람의 헛된 노력일 따름이다. 우리는 그 말이 옳다는 것을 경험으로 안다. 마음이 길을 잃고 헤맬 때 몸을 억제하는 것은 오히려 해_害가 될 수 있다. 마음이 헤매는 곳, 그곳으로 조만간 몸도 가지 않을 수 없는 것이다.

여기에서 한 가지 분별이 필요하다. 마음이 불순한 생각들에 머물도록 허용하는 것과, 그것이 불순한 생각들 안에서 저도 모르게 길을 잃고 헤매는 것은 완전 다르다. 자기 마음이 악한 쪽으로 헤매는 데 스스로 협조하지 않는다면, 승리는 마침내 우리 것이 되리라.

우리는 살면서 몸은 다스려지는데 마음은 그렇지 않다는 것을 순간마다 경험한다. 결코 몸을 다스리는 끈이 느슨해져서는 안 된다. 이에 덧붙여 우리는 자기 마음을 다스리기 위해서 끊임없이 노력해야 한다. 우리가 할 수 있는 일은 그 이상도 이하도 아니다. 마음을 놓아버리면 몸과 마음이 서로 다른 길로 우리를 당길 것이고, 그것은 자기 자신을 등지는 짓이다. 자기에게 다가오는 악한 생각들에 저항하기를 계속하는 동안만큼은 몸과 마음이 함께 가는 거라고 말할 수 있겠다.

사람들은 브라흐마차르야 계를 지키기가 매우 어렵다

고, 거의 불가능하다고 믿는다. 이런 믿음을 지니게 되는 이유들 가운데 하나를 찾아본다면, '브라흐마차르야'라는 용어를 너무 좁은 의미로 받아들여서 동물적인 욕정을 다스리는 것이 곧 브라흐마차르야 계를 지키는 것이라는 생각이 있다. 나는 이런 견해는 불완전하고 잘못된 것이라고 생각한다.

브라흐마차르야는 사람의 감각기관 모두를 다스린다는 뜻이다. 어느 한 기관만을 다스리려 하고 다른 것들은 제멋대로 놀게 놔두는 사람은 그의 모든 노력이 물거품으로 돌아가는 것을 보게 돼 있다. 난잡한 얘기들을 귀로 듣고, 외설적인 모양들을 눈으로 보고, 꾸며 만든 음식을 혀로 맛보고, 흥분시키는 물건을 손으로 만지면서 동시에 남은 기관 하나를 다스리려 하는 것은 손을 불 속에 넣고서 데지 않을 줄로 기대하는 것과 같다. 그러기에 하나를 다스리기로 마음먹은 사람은 나머지 다른 것들도 다스릴 결심을 해야 한다. 브라흐마차르야를 좁은 의미로 해석하는 것이 우리에게 많은 해를 입힌다고 나는 늘 생각해왔다. 모든 방향에서 동시에 자기-통제를 수련한다면 과학적이고 성공 가능한 시도가 될 것이다. 어쩌면 입맛이야말로 으뜸가는 죄인

일지 모르겠다. 우리 아쉬람에서 여러 계들 가운데 입맛-통제를 특별한 위치에 두는 까닭이 여기에 있다.

브라흐마차르야의 근본 의미를 기억하자. 차르야charya는 '행위의 방향'을 뜻한다. 따라서 브라흐마차르야brahmacharya는 '신Brahma을 향한 행위', 예를 들면 '진실' 추구를 의미한다. 이 어원학적 의미에서 모든 감각의 통제라는 특별한 의미가 파생된다. 그것을 유독 성행위에만 국한하는 불완전한 뜻풀이를 우리는 철저히 잊어야 한다.

금욕은 거의 모든 종교가 말하는 삶의 원리다. 하지만 그것은 인간의 욕심을 아예 없애라는 게 아니다. (금욕 자체도 하나의 욕심 아닌가?) 많은 사람이 간디의 금욕 생활을 섹스리스 라이프로 이해하는 모양인데, 본인의 말에 따르면, 그것은 오해다. 아내를 누이로 어머니로 딸로 여기라는 말은 그와 잠자리를 같이 하지 말라는 게 아니라, 그를 자기 소유물로 착각하지 말라는 뜻이다. 물론 둘이 합의해서 각방을 쓴다면 그건 나름대로 구도의 좋은 방편일 수 있겠다.

간디가 말하는 금욕은, 그냥 두면 모든 것을 태워버리는 산불처럼 스스로를 망가뜨릴 수 있는 인간의 감각기관을 제어하는 것이다. 눈과 귀와 입의 욕망을 채워주면서 섹스에만 자물통을 채우는 것은 손을 불속에 넣고서 데지 않겠다고 하는 것과 다를 바 없다. 역시 몸보다 먼저 마음이다. 그래서 예수는 한 여인에게 음욕을 품으면 그것이 벌써 간음이라고 말한다. 그게 그렇다면 누가 과연 간음하지 않고서 살 수 있을까? 간디의 말인즉 비록 불가능해 보여도 그렇게 하려고 자신의 몸과 마음을 통제하는 데 최선을 다해야 하고, 누구든지 그럴 수 있다는 거다.

입맛-통제

입맛-통제는 브라흐마차르야 계에 밀접히 연관되어 있다. 자기 입맛을 잘 다스리는 사람이 독신 생활의 계를 지키기가 상대적으로 쉬워진다는 것을 나는 경험으로 알게 되었다. 이것이 오랜 세월 인정받아온 여러 계들 가운데서 돋보이는 계는 아니다. 어쩌면 그래서 위대한 현인들도 그것을 지키기 어려웠던 건지 모르겠다. 사트야그라하 아쉬람에서 우리는 이것을 하나의 독립된 계의 위치에 올려놓고 있다. 그러므로 마땅히 별도로 그에 대하여 생각해봐야 한다.

우리는 약을 복용하듯이 음식을 먹어야 한다. 그게 맛있는지 아닌지를 고려하지 않고, 과연 우리 몸에 필요한 것인지 아닌지만 보고서 음식을 먹어야 한다는 얘기다. 약을 너무 조금 먹으면 효과가 없거나 충분하지 않고 너무 많이 먹으면 인체에 해가 되듯이, 음식 또한 그렇다. 따라서 오로지 맛을 즐기고자 무엇을 먹는다면 그것은 이 계를 위반하는 것이다. 자기 입맛에 맞는 음식을 너무 많이 먹는 것도 마찬가지로 계율 위반이다. 그렇기 때문에 맛을 더 내거나 바꾸려고 소금을 치는 것, 또는 맛없는 것을 맛있게 하려고 소금에 절이는 것 역시 계율 위반이다. 하지만 적당한 염분 섭취가 건강을 위해서 필요하다고 생각되어 음식에 소금 간을 하는 것은 계율 위반이 아니다. 물론 실제로는 그렇지 않은데 인체에 필요한 것이라고 스스로 속이면서 음식에 소금이나 다른 무엇을 첨가하는 것은 명백한 사기라 하겠다.

이런 생각의 끈을 따라서 가다보면, 우리가 그동안 즐겨왔지만 영양 보충에 반드시 필요치 않은 많은 것들을 버려야 한다는 결론에 도달한다. 그렇게 해서 먹을 수 있는 여러 음식들을 포기하는 사람은 자연스럽게 다른 부분에서도 자기-통제를 할 수 있을 것이다. 이 주제는 사람들의 주목을 별로 끌지 못했고, 따라서 이 계를 염두에 두고 음식을 선택하는 것이 매우 어려운 일로 되었다.

부모들은 잘못된 자식 사랑으로 아이들에게 오만 가지

음식을 먹인다. 그래서 그들의 체질을 망쳐놓고 인공ㅅㅈ 맛에 혀를 길들여놓는다. 그렇게 먹으면서 자란 아이들은 결국 몸이 병들고 뒤틀린 입맛으로 살게 된다. 어린 시절 잘못된 식생활의 좋지 못한 결과는 우리의 걸음걸음에 뒤따라온다. 그래서 우리는 너무 많은 돈을 낭비하고 너무 쉽게 의료인의 밥으로 전락한다.

우리들 대부분이 감각기관들을 통제하기는커녕 오히려 그것들의 노예로 살아간다. 경험 많은 한 의사한테서 여태까지 건강한 사람을 단 한 명도 보지 못했다는 말을 들은 적이 있다. 사람이 한 번 과식하면 그때마다 몸이 상처를 입는데, 그 상처는 금식으로만 부분적으로 치유될 수 있다.

나의 이 말에 겁을 먹거나 스스로 절망하여 노력을 포기할 것까지는 없다. 우리가 무엇을 서약하는 것은 처음부터 그것을 완벽하게 지킬 수 있다는 게 아니다. 다만 그것을 온전히 이루기 위하여 생각과 말과 행동으로 끊임없이 정직하게 노력하겠다는 뜻이다. 우리는 몇 가지 그럴듯하게 시늉하는 것으로 자기를 속여서는 안 된다. 우리 편하자고 이상의 수준을 낮추거나 가볍게 하는 것은 진실하지 않게 되는 법을 수련하는 것이고 스스로를 경멸하는 것이다.

하나의 이상을 이해하고 그것을 이루기 위하여, 그게 아무리 어렵더라도, 초인적인 노력을 기울이는 것이 사람의 길이다. 언제 어디서나 중요한 계율들을 철저히 지키며 그것 말고는 세상에서 다른 할 일이 없는 사람, 그 사람이 완벽한 인간이고 그가 요기다. 다만 우리 비천한 구도자들은 착실한 노력으로 조금씩 정진할 따름이다. 그러면 언젠가 신의 때가 되면 신성한 은혜를 입기 마련이고, 최고의 맛을 알게 되어 그와 함께 인공 맛은 사라질 것이다.

우리가 하루 스물네 시간 음식 생각만 하면서 살 수는 없는 일이다. 오직 하나 필요한 것은 끊임없이 지켜보는 불침번의 눈인데, 그것이 우리로 하여금 언제 맛을 탐닉코자 음식을 먹고 언제 몸을 유지하기 위해서 음식을 먹는지를 알아차리게 도와줄 것이다. 이를 알아차리면 우리는 단순한 식도락을 결연히 외면하지 않을 수 없게 된다.

이 계의 원리가 지켜지는 공동주방이 우리에게 큰 도움이 된다. 날마다 그날의 식단을 고민하지 않아도 되고, 제한된 분량의 음식을 만족스럽고 감사한 마음으로 먹을 수 있게 해주기 때문이다. 공동주방 운영자들은 우리의 짐을 덜어주고, 우리가 계를 제대로 지키는지 감시하는 것으로 우리를 섬긴다. 그들은 우리를 배부르게 먹이지 않을 것이다. 세상을 섬기는 도구인 우리 몸을 지탱하는 데 도움이 될 만큼의 음식만 요리할 것이다. 가장 이상적인 상태는 태양이 우리의 유일한 요리사가 되는 것이다. 하지만 나는 안다. 우리가 그 행복한 상태에서 거리가 멀어도 한참 멀다는 것을.

🖋

음식에 대한 간디의 래디컬이 단호하다! 배불뚝이 간디를 상상할 수 없는 까닭이 다른 데 있지 않다. 자연 다큐에서 비만인 사자나 곰을 볼 수 없는 까닭도 다른 데 있지 않다. 맛을 탐하여 음식을 먹지 않고 오직 생존에 필요한 만큼만 먹기 때문이다. 그러기에 통제할 것은 음식이 아니라 그것을 탐하는 인간의 입맛이다. 노자老子도 식생활에서 입을 위하지 말고 배를 위하라고 했다.

과유불급過猶不及이라, 고픈 배와 과식한 배가 모두 좋지 않은 것이다. 그래도 과식한 배보다는 고픈 배가 낫다. 후자는 저 혼자 괴롭지만 전자는 저와 남들을

함께 해치기 때문이다. 고픈 배는 채워줘야 할 결핍 상
태고 과식한 배는 모름지기 막아야 할 범죄 행위다.

도둑질 안 하기

이제 도둑질하지 말라는 계를 말할 차례다. 앞의 두 계들과 마찬가지로 이것도 '진실'에 포함된다. '사랑'은 '진실'에서 유래했거나 '진실'과 짝을 이룬다. '진실'과 '사랑'은 하나고 같은 것이지만, 나는 '진실' 쪽이다. '진실'이 목적이고 '사랑' 은 그리로 가는 수단이다. 우리는 '사랑'의 법을 따른다는 게 얼마나 어려운 일인지 알지만 그래도 무엇이 '사랑' 또는 비폭력인지는 안다. 그러나 '진실'에 대하여는 고작 그 단편을 알 따름이다. 한 인간이 '진실'을 완벽하게 아는 것은 비폭력을 완벽하게 실천하는 것만큼이나 어려운 일이다.

사람이 도둑질을 하면서 동시에 자기가 '진실' 또는 '사랑'을 안다고 주장할 수는 없는 일이다. 그런데 우리 모두 스스로 알든 모르든 다소간에 도둑질을 하면서 살아간다.

우리는, 예컨대 자식들 몰래 무엇을 감춰놓고 먹는 아비처럼, 남의 것뿐 아니라 자기 것을 훔칠 수도 있다. 아쉬람 주방에 있는 것은 공동재산이다. 아무도 모르게 거기서 설탕한 조각 가져가는 사람은 자기한테 도둑이라는 낙인을 스스로 찍는 것이다. 다른 사람 것을 주인 허락 없이 가져가는 것은, 그가 그런 줄을 주인이 알더라도, 도둑질이다. 어떤 물건을 임자 없는 것이라 생각하고 가져가도 역시 도둑질이다. 길에서 발견된 물건은 총독이나 지방 관청의 것이다. 아쉬람 부근에서 발견된 물건은 반드시 원장에게 넘겨주어야 하고, 원장은 그것이 아쉬람 소유가 아닐 경우 경찰에 넘겨야 한다.

여기까지는 그래도 순풍에 돛단배다. 진실로 도둑질하지 않는 것이란 훨씬 더 어려운 일이다. 남의 것을 허락받고 가져와도 그것이 자기한테 정말로 필요한 게 아니면 도둑질이다. 자기한테 필요 없는 것이면 작은 물건 하나도 가져오지 말아야 한다. 이런 도둑질은 일반적으로 음식물이 그 대상이다. 나한테 필요 없는 과일을 가져오거나 필요한 만큼보다 많이 가져오는 것도 도둑질이다. 우리는 보통 자기한테 뭐가 진짜로 필요한지 잘 모르고, 자기한테 필요한

양量을 부풀리고, 그래서 결국 저도 모르게 자신을 도둑으로 만든다. 이 문제를 숙고하면 자기한테 필요하다고 생각하는 것의 상당량을 포기할 수 있다. 도둑질하지 말라는 계를 지키는 사람은 점차적으로 원하는 물건의 양을 줄일 수 있을 것이다. 세상 사람을 괴롭히는 빈곤의 대부분이 도둑질하지 말라는 계를 어긴 결과로 생겨난 것이다.

도둑질은 여태까지 외형적 또는 물질적 행위로 인식되었다. 그런데 좀 더 미묘하고 인간의 정신을 훨씬 더 타락시키는 다른 도둑질이 있다. 남의 것을 가지고 싶어 하거나 탐욕스러운 눈으로 바라보는 정신적 도둑질이 그것이다. 음식 먹지 않는 사람을 가리켜 보통은 금식하는 사람이라고 말하는데, 그가 만일 다른 사람이 먹는 것을 보고 군침을 삼키거나 입맛을 다신다면 금식 계율을 어기면서 아울러 도둑질까지 하는 것이다. 또 그가 금식을 하는 동안, 금식 마치고 나서 먹을 여러 가지 음식의 메뉴를 끊임없이 생각한다면 이 또한 비슷한 범죄를 저지르고 있는 것이다.

도둑질하지 말라는 계를 지키는 사람은 장차 가지게 될 것들로 미리 시달리기를 거부할 것이다. 미래에 대한 이 고약한 염려가 많은 도둑질의 뿌리에서 발견된다. 오늘 우리는 다만 한 가지를 가지고 싶어 한다. 그런데 내일에도 그 소유한 것을 가지려고, 가능하면 곧장, 대책을 세우기 시작한다.

물건들 못지않게 아이디어들도 훔칠 수 있다. 어떤 괜찮은 아이디어의 소유권이 자기한테 있다고, 사실을 말하면 그의 것일 수 없는데, 주장하는 사람은 아이디어를 훔치는 도둑이다. 인류 역사에서 소위 배웠다는 많은 인간들이 이런 도둑질을 해왔다. 오늘에도 표절은 결코 드문 사례가 아니다. 예컨대 내가 안드흐라에서 새로운 형태의 물레를 보고 비슷한 물레를 아쉬람에서 만들어 그것이 내 발명품이라며 남에게 넘긴다면 나는 부정직할 뿐 아니라 남의 발명품을 훔친 명백한 도둑이다.

그러므로 도둑질하지 말라는 계를 지키는 사람은 겸손하고 생각이 깊고 늘 깨어 있으며, 그의 버릇은 단순하다.

🖋

"우리는 보통 자기한테 뭐가 진짜로 필요한지 잘 모르고, 자기한테 필요한 양을 부풀리고, 그래서 결국 저도 모르게 자신을 도둑으로 만든다."

이런 생각으로 자기를 성찰하며 산다는 건 물론 쉬운 일이 아니다. 하지만 그게 쉬운 일이 아니라는 사실 자체가 더 큰 비극이다. 우리가 어쩌다가 이 모양으로 타락하였단 말인가?

"그러므로 도둑질하지 말라는 계를 지키는 사람은 겸손하고 생각이 깊고 늘 깨어 있으며, 그의 버릇은 단순하다."

이 말을 뒤집으면 우리의 비극을 스스로 청소할 답이 나온다. 태도가 겸손하고 생각이 깊고 늘 깨어 있고 습관이 단순하면, 우리도 남은 삶을 도둑질로 더럽히지 않을 수 있다.

어디선가 읽었다. 누가 간디에게 물었다지, "어떻게 살면 신의 법대로 사는 것인가?" 간디의 대답, "모자 쓰고 모자 사러 가지 않는 것이다."

무소유

무소유는 도둑질 금지와 짝을 이룬다. 어떤 물건을, 본디 훔친 것이 아니더라도, 필요 없이 소유한다면 그것을 훔친 물건으로 보아야 한다. 소유는 미래를 위한 저장을 암시한다. '진실'을 추구하는 사람, '사랑'의 법을 지키는 사람은 미래에 대비하여 무엇을 붙잡을 수 없다. 신은 내일을 위해서 쌓아두지 않는다. 지금 이 순간에 필요한 것 이상을 만들지 않는다. 그러므로 우리가 정말로 신의 섭리를 믿어 의지한다면 그가 우리에게 필요한 양식을, 우리에게 있어야 할 모든 것을, 날마다 주실 줄 알고 안심해야 옳다. 신앙으로 산 성인과 신봉자들이 그런 삶의 정당성을 경험으로 입증했다.

한 사람에게 날마다 하루치 양식을 주시고 더 주시지 않는 신의 법에 대한 우리의 무지와 무시가 온갖 불평등과 그로 말미암은 비참한 현실을 불러일으킨다. 부자들이 필요하지도 않은, 그래서 결국 잊히거나 낭비되고 마는 것들을 여벌로 쌓아두고 있을 때 수백만이 영양 결핍으로 굶어죽는다. 사람들이 저마다 필요한 것만 가진다면 아무도 궁핍하지 않고 모두가 만족하며 살 것이다. 그런데 실은 부자들도 가난한 사람들 못지않게 불만족이다. 가난한 이들이 백만장자가 되고 싶어 한다면, 백만장자는 억만장자가 되고 싶어 한다. 모든 사람이 만족하며 사는 세계를 내다보며 부자들이 앞장서서 소유재산 줄이기를 실천해야 한다. 그들이 제한된 분량만큼만 소유해도 기아 문제는 쉽게 해결되고 부자와 가난한 이들이 함께 만족하며 사는 법을 배우게 될 것이다.

사람이 무소유를 완벽하게 실천하려면 저 새들처럼 머리 가릴 지붕도 없이 의복도 없이 내일을 위해 쌓아둔 양식도 없이 그렇게 살아야 한다. 그래도 날마다 그날 먹을 양식이 있어야 하는데 그것을 장만하는 건 신의 일이지 그의 일이 아니다. 이런 무소유를 실천하는 사람은 아주 없거나 있어도 극히 소수가 있을 뿐이다. 우리 보통 구도자들은 불가능해 보이는 이 과제에 반발하지 않는 데서 그치지 말고, 끊임없이 그것을 염두에 두며 자기 소유를 점검하고 조금이나마 그것을 줄이도록 힘써야 한다. 문명이란, 그 말의 진정한 의미에서, 더하기로 유지되는 게 아니라 궁핍한 이들을 돌보고 그들의 수를 줄임으로써 유지되는 것이다. 이 길만이 참된 행복과 만족을 가져다주고 섬김의 능력을 증진시킨다. 이런 기준으로 판단할 때 지금 우리는 아쉬람에서 너무 많은 것을, 그 필요성이 입증되지도 않은 것을 소유하고 그래서 이웃들을 도둑질로 유혹하고 있는 셈이다.

순수한 '진실'의 입장에서 볼 때 몸 또한 하나의 소유물이다. 즐거움을 탐하는 욕망이 영혼을 위해서 몸을 만든다는 말이 있다. 그 욕망이 사라지면 더 이상 몸이 필요 없게 되고, 그러면 태어남과 죽음의 악순환에서 인간이 자유로워진다. 영혼은 모든 곳에 있다. 그런데 어찌 영혼이 새장 같은 몸에 갇혀 악을 행하고 그 잘난 새장을 위하여 살생까지 하려 하겠는가! 그래서 마침내 우리는 완전한 포기라는 이상에 도달하여, 목숨이 붙어 있는 동안 세상 섬기는 일에 자기 몸 쓰는 법을 배우고, 그렇게 해서 빵이 아니라 섬김이 우리 생명의 양식이 된다. 우리는 오직 섬기기 위해서 먹고 마시고 잠자고 깨어난다. 이런 마음 자세로 말미암아 우리는 진정한 행복과 신과의 숨김없는 만남을 이루게 된다. 우리 모두 이 관점에서 우리 자신을 검증해보자.

무소유가 사물에 연관되는 만큼 생각에도 연관되는 원리인 것을 우리는 기억해야 한다. 쓸데없는 지식으로 자기 머리를 가득 채우는 사람은 더없이 소중한 이 원리를 어기는 사람이다. 우리로 하여금 신으로부터 돌아서게 하거나 그를 향하지 못하게 하는 생각들은 우리 길에 놓인 장애물들이다. 이런 맥락에서 '기타' 13장에 있는 지식에 대한 정의를 생각해볼 수 있다. 우리는 거기에서 겸손 같은 것들이 지식을 이루고 나머지는 모두 무지라는 말을 듣는다. 그게 사실이면, 그게 사실임은 의심할 나위 없거니와, 오늘 우리가 지식이라면서 껴안고 있는 많은 것들은 순진하고 단순한 무지로서 우리에게 유익하기는커녕 오히려 해를 끼칠 따름이다. 그것은 사람의 마음을 이리저리 헤매게 하고, 허망으로 이끌고, 끝없는 악의 지류支流들 속에서 불만투성이로 만든다.

말할 것 없이, 나는 관성적인 행위를 촉구하는 게 아니다. 우리 삶의 모든 순간들은 정신적 또는 육체적 행위로 채워지기 마련인데 그 행위는 '진실'을 시중드는 것이어야 한다. 자기 인생을 세상 섬기는 데 바친 사람은 한순간도 게으름을 피울 수 없다. 그리고 우리는 선한 행동과 악한 행동을 분별할 줄 알아야 한다. 그 분별이 오롯한 마음으로 세상 섬기는 일에 몸 바치는 것과 자연스럽게 병행된다.

이 미쳐버린 소비문화 퇴폐사회에 던지는 간디의 복음이다. 물론 예수의 복음이 그런 대접을 받았듯이, 간디의 절박한 호소도 대중의 외면을 당할 것이다. 하지만 어느 때 어느 곳에나 '소수의 남은 자들'은 있었고 있고 있을 것이다.

그날 하루치 양식으로 살라는 가르침은 신구약성경에 통일되어 있다. 야훼께서 모세에게 말씀하셨다. "내가 너희를 위하여 하늘에서 양식을 비처럼 내려 줄 터이니 백성들에게 나가서 그날 하루치 양식을 충분히 거두라고 하여라. 그날에 내가 저들이 내 지시를 잘 따르는지 따르지 않는지 시험해보리라." 예수도 제자들에게 기도를 가르치며, 날마다 하루치 양식을 구하라고 한다.

어째서 내일을 위해 쌓아두지 말라는 건가? 이유는 간단하다. '내일'이란 사람 머릿속에나 있지 실제로는 없는 것이기 때문이다. 없는 날을 위하여 무엇을 한다는 것 자체가 얼마나 어리석은 일인가? 먹고 입고 쓸 것을 저장하는 행위의 밑바닥에 깔려 있는 것은 있지도 않은 내일에 대한 터무니없는 두려움이고 아버지/어머니 신에 대한 불경이다.

겁-없음

'기타' 독자라면 누구나 16장에 열거된 신의 속성들 첫머리에 겁-없음이 놓여 있음을 알 것이다. 그 이유가 단순히 음률을 맞추기 위해선지 아니면 의식적으로 겁-없음에 명예로운 자리를 내어준 것인지는 내가 말할 수 있는 범위에서 벗어난다. 하지만 내 생각에 겁-없음이 첫머리를 차지할 자격은 충분하다. 그것이 다른 고상한 성품들의 성숙을 위해서 필수적이기 때문이다. 겁이 없지 않고서야 어떻게 '진실'을 말하고 '사랑'을 소중히 여길 수 있겠는가? 프리탐의 말대로, "하리(주님)의 길은 비겁한 자 아닌 용감한 자의 길이다." 여기에서 하리는 '진실'을 의미하고, 용감한 자는 총칼 따위가 아니라 겁-없음으로 무장한 사람을 가리킨다.

겁-없음은 모든 외부의 두려움—질병, 상처, 죽음, 약탈,

사랑하는 사람을 여읨, 명성을 잃거나 남을 성나게 하는 것 등에 대한 두려움—으로부터의 자유를 의미한다. 죽음의 두려움을 극복한 사람이 다른 모든 두려움을 이기는 건 아니다. 보통 그렇게 생각하지만 잘못된 추리다. 어떤 사람은 죽음은 두려워하지 않는데 사소한 질병을 피해서 달아난다. 어떤 사람은 스스로 죽을 준비가 되어 있는데 사랑하는 이가 자기를 떠나는 건 견디지 못한다. 이 모든 것을 꿋꿋이 참아내고 자기 목숨까지도 내놓을 수 있지만 재산만큼은 그럴 수 없는 구두쇠도 있다. 자기가 가졌다고 생각하는 특권을 지키기 위해서 추잡한 짓을 몇 번이고 되풀이하는 사람들도 있다. 어떤 사람은 세상의 악평을 받는 게 두렵다는 이유만으로 자기 앞에 분명히 놓인 곧고 좁은 길을 외면한다. '진실'을 추구하는 사람은 이 모든 두려움을 정복해야 한다. '진실'을 추구하기 위해서라면, 하리슈찬드라[*]가 그러했듯이, 자기의 모든 것을 희생할 준비가 되어 있어야 한다. 하리슈찬드라 이야기가 하나의 비유일 수는 있다. 하지만 그 이야기의 진실성은 모든 구도자들이 경험

[*]   약속을 지키기 위해 자기의 모든 것을 버린 인도 전설 속의 왕.

으로 증명할 것이다. 따라서 그 이야기는 다른 어떤 역사적 사실 못지않게 값진 것이다.

완벽한 겁-없음은 위로는 더 없는 최상의 사람이 되어 미혹으로부터 자유로워진 이만이 얻을 수 있는 것이다. 사람은 결단을 내리고 끝없이 노력하며 자기-신뢰를 배양함으로써 이 목표를 향해 꾸준히 나아갈 수 있다.

처음에 말했듯이, 우리는 모든 외부의 두려움을 물리쳐야 한다. 하지만 속에 있는 적들은 마땅히 두려워해야 한다. 우리가 동물적인 욕정, 분노 따위를 두려워하는 건 당연하다. 일단 우리 안에 있는 이런 반역자들을 정복하면 외부의 두려움들은 저절로 힘을 잃는다. 그런 모든 두려움이 몸을 중심으로 회전하는지라 몸에 대한 집착을 벗어버리면 그것들은 곧장 사라지기 마련이다. 이에 따라 우리는 모든 외부의 두려움이란 것이 자기가 그렇게 볼 따름인 근거 없는 구조물임을 알게 된다.

우리가 재물, 가정, 몸에 대한 집착을 떨쳐버릴 때 우리 가슴에는 두려움이 차지할 자리가 없다. "땅의 것들을 포기하여 그것들을 즐기라."는 말은 참으로 고상한 훈계다. 재물, 가정, 몸은 거기 그렇게 똑같이 있고 다만 그것들에 대한 우리의 태도가 달라져야 한다. 이 모든 게 우리 것이 아니라 신의 것이다. 세상에 있는 어떤 것도 우리 것이 아니다. 우리마저도 그분 것이다. 그런데 우리가 왜 무슨 두려움을 간직할 것인가? 그래서 '우파니샤드'는 권한다, "사물에 대한 집착을 여읜 상태로 그것을 즐겨라." 소유자로서가 아니라 맡은 자로서 그것을 대하라는 얘기다. 우리에게 그것을 맡기신 분이, 온갖 고리대금업자들로부터 그것을 지키는 데 필요한 힘과 무기를 우리에게 주실 것이다. 우리가 주인 노릇 하기를 멈추고 발밑의 티끌보다 더 겸손히 하인의 자리로 내려앉을 때 모든 두려움이 안개처럼 걷히고, 우리는 말 못할 평화 속에서 '진실'의 신인 사트야나라얀을 얼굴과 얼굴로 마주 대할 것이다.

꿿

사람이 전쟁터에서 왜 두려워하는가? 이기려고 하니까 두려운 거다. 패하지 않으려고 하니까 두려운 거다. 전쟁에서 승리한 사무라이가 개선행진에 마중 나오지 않은 그 마을의 노승老僧에게 칼을 겨누며 말한다. "너는 내가 눈 하나 깜짝 않고 너를 죽일 수 있는 그런 사람인 줄 모르느냐?" 노승이 대답한다. "너는 내가 눈 하나 깜짝 않고 죽을 수 있는 그런 사람인 줄 모르느냐?" 사무라이가 칼을 거두고 그에게 절했다던가?

한 제자가 스승에게 말한다. "세상일이 두렵습니다." 스승이 답한다. "모두가 네 집안에서 일어나는 일인데 무엇이 두렵단 말이냐?" 한 젊은 신부가 마더 테레사에게 말한다. "걱정거리가 많습니다." 마더 테레사가 답한다. "기도할 수 있고 사랑할 수 있는데 무엇을 걱정한단 말입니까?"

"세상을 두려워하지 마라. 내가 세상을 이겼다." 세상의 안목으로 볼 때 무엇 하나 이룬 것 없는 인생 실패자 예수가 제자들에게 한 말이다. 그를 추종하던 무리는 말할 것 없고 친히 제자로 삼았던 열둘마저 그를 등지고 뿔뿔이 흩어졌다. 그가 이긴 건 세상이 아니라 자기 자신이었다. 죽으러 온 사람이 죽게 되었는데 무엇을 두려워할 것인가?

나에게 무기도, 승리감도, 선물하지 마십시오.

나는 개선凱旋을 원치 않습니다.

나로 하여금 싸우게, 그래서 지게, 하소서.

(아브라함 요수아 헤셀)

만지면 안 되는 사람 없게 하기

이 또한 입맛-통제처럼 새로운 계다. 그러므로 좀 이상하게 보일 수 있겠다. 하지만 생명만큼 중요한 것이다. '만질 수 없음'untouchable이란, 어떤 사람이 특수한 상태 또는 가정에서 태어났기 때문에 그를 만지면 더럽혀진다는 의미가 담긴 말이다. 아카*의 말로는 하나의 군더더기다. 그것은 종교의 탈을 쓰고 항상 길을 가로막으며 그렇게 해서 종교를 오염시킨다.

어떤 누구도 만지면 안 되는 사람으로 태어날 수 없다. 모두가 하나이자 같은 '불'의 불꽃들이기 때문이다. 어떤 사람을 태어나면서부터 만지면 안 되는 존재로 대하는 것은 명백한 잘못이다. 불쌍히 여기고 존중해야 할 시신을 만지

● 17세기 인도 구자라트 지역의 시인.

는 데 대한 망설임도 잘못이다. 우리가 시신을 만지거나 기름을 바른 뒤 또는 털을 면도하고 나서 목욕하는 것은 순전히 위생을 고려해서 그러는 것이다. 그런 일을 한 뒤에 몸을 씻지 않는 사람을 더럽다고 할 수는 있지만 죄인으로 볼 것은 결코 아니다. 어미가 아이 기저귀를 갈아주고 나서 목욕을 하거나 손발을 씻지 않으면 '만지면 안 되는' 사람으로 볼 수 있을 것이다. 하지만 그 아이가 우연히 어미 몸에 손을 댄다고 해서 그 몸이 더럽혀지는 건 아니다.

그런데도 반기*, 데드**, 차마르*** 같은 계층의 사람들은 태어나면서부터 만지면 안 되는 사람으로 멸시 천대를 받고 있다. 그들이 수년 동안 비누로 목욕하고, 옷도 잘 입고, 비슈누교인 표시를 달고, 날마다 '기타'를 읽고, 기술을 익혀 전문 직업에 종사해도 그들은 여전히 만지면 안 되는 사람으로 남는다. 이는 파멸되어야 할 야비한 무종교다. '만지면 안 되는 사람 없게 하기'를 아쉬람의 계로 삼음으로써

● 화장실을 청소하거나 시체를 처리하는 계층.
●● 직물 관련 노동을 주로 하는 계층.
●●● 가죽 관련 노동을 주로 하는 계층.

우리는 '만지면 안 됨'이 힌두교의 한 부분이나 분파가 아닐 뿐 아니라 모든 힌두교인이 반드시 맞서 싸워야 할 전염병이라는 신념을 재확인한다. 그러기에 그것을 죄로 여기는 힌두교인은, 만지면 안 되는 사람들과 사이좋게 지내고, 사랑과 섬김의 정신으로 그들과 연대하고, 그런 행동으로 자기가 순결해진다는 생각을 하고, 그들의 불편을 덜어주고, 오랜 세월 지속된 노예 생활로 인한 무지와 악을 극복하게 도와줌으로써 속죄의 길을 가면서 다른 힌두교인들도 그렇게 하도록 영감을 주어야 한다.

이런 정신의 배경에서 '만지면 안 되는 사람 없게 하기'를 바라볼 때 우리는 그것의 물리적이고 정치적인 결과에 구속됨 없이, 이른바 '만지면 안 되는 사람들'과 결과에 관계없이 가까운 친구 사이로 된다. '진실'을 추구하는 사람은 자기가 이룬 물리적 결과를 생각하는 데 시간을 낭비하지 않는다. 그에게 그것은 정치적인 문제가 아니라 자기 인생이라는 피륙을 짜는 데 직결되는 무엇이다.

이 계의 중요성을 제대로 깨칠 때 우리는 우리가 맞서싸우려는 악이 어느 계층을 억압하는 것에만 국한되는 게아님을 발견할 것이다. 처음에는 겨자씨보다 크지 않던 악이 머잖아 크게 자라고 드디어 제가 서 있는 토대마저 붕괴시킨다. 그렇게 해서 삶의 구석구석을 유린하는 것이다. 우리는 '만지면 안 됨'이라는 거짓된 관념 때문에, 우리 자신을 돌보고 끝없는 정화의식에 감사하고 꼭 필요한 음식을 조달하는 데 충분한 시간을 쓰지 못한다. 신에게 기도한다고 하지만 우리가 숭배하는 건 신이 아니라 우리 자신이다.

그러기에 단순히 '만지면 안 되는 사람'을 친구로 사귀는 정도가 아니라 모든 생명을 자기 생명처럼 사랑하는 것으로써 이 계는 온전히 지켜지게 된다. '만지면 안 되는 사람 없게 하기'는 온 세상을 사랑하고 섬기고, 그리하여 아힘사 속으로 스며드는 것을 의미한다. '만지면 안 되는 사람 없게 하기'는 사람과 사람 사이, 존재의 다양한 서열들 사이에 설치된 장벽들을 무너뜨리는 것이다. 우리는 그런 장벽들이 세계 곳곳에 세워져 있는 걸 본다. 그 가운데 여기서는 주로 인도에서 종교의 재가裁可를 받아 수십 수백만 사람들로 하여금 노예처럼 살게 하는 '만지면 안 되는 사람'에 관하여 말해보았다.

이른바 '불가촉천민'에 대한 얘기다. 관습이란 참으로 무서운 것이라, 거기에 도전하는 것이 결코 쉬운 일은 아니다. 하지만 사람으로 태어나 사람답게 살지 못하도록 강제하는 관습에 저항하여 그것을 무시하거나 그것을 타파코자 싸우지 않는다면, 그러고서 어찌 사람이라 할 것인가? 이 문제는 '불가촉천민'이 아니라 그를 대하는 '우리'의 존엄에 연관된 문제다. 예수는 당시 유대인들이 관습상 함께 식탁에 앉을 수 없었던 '죄인'들과 어울려 식사하기를 서슴지 않았다. 그런 파격에 대하여 시비를 거는 유대 지도자들에게 그가 말한다. "의원이 건강한 사람한테는 필요없지만 병든 사람한테는 필요하오. 나는 의인을 부르려고 온 것이 아니라 죄인을 부르려고 왔소." 이 말을 근거로, 예수가 세상에 의인과 죄인이 따로 있음을 시인했다고 본다면 그를 오해한 것이다. 아니다, 세상에는 누가 무슨 이유로 죄인이라고 부르는 사람과 의인이라고 부르는 같은 '사람'이 있을 뿐이다.

'불가촉천민' 하나를 손으로 만지는 데서 그칠 게 아

니라 모든 생명을 자기 생명처럼 사랑하는 데까지 나
아가야 한다는 간디의 말이 그래서 설득력을 가지는
것이다.

생계 노동

사람이 살기 위해서 일해야 한다는 법이 나에게 친근히 다가온 것은 '생계 노동'에 관한 톨스토이의 글을 읽었을 때였다. 물론 그 전에 러스킨의 《나중에 온 이 사람에게도》를 읽고 나서부터 줄곧 그것을 생각하긴 했다. 사람이 자기 손으로 일해서 빵을 마련해야 한다는 신성한 법을 처음 강조한 사람은 러시아 작가 T. M. 본다레프였다. 톨스토이는 그것을 가져다가 대중에 널리 알린 인물이다. 나는 같은 원리가 '기타' 3장에 기록되어 있다고 본다. 거기서 우리는 제물을 바치지 않고 먹는 자는 훔친 음식을 먹는 것이라는 구절을 읽는다. 그리고 그 제물이란 말할 것 없이 생계 노동이다.

이성理性 또한 우리를 같은 결론으로 이끈다. 자기 몸으로 일하지 않는 사람이 어떻게 먹을 권리를 주장할 것인가?

성경은 "얼굴에 맺힌 땀으로 빵을 먹는다."고 말한다. 백만 장자도 하루 종일 침상에서 뒹굴기만 하면 오래 못 가고 이내 삶에 지칠 것이다. 그리고 무엇을 먹지도 못할 것이다. 그래서 그에게도 굶기 수련을 하고 스스로 먹을 것 장만하기를 권하는 것이다. 어떤 사람이, 부자든 가난한 사람이든, 참으로 수련을 한다면 그가 어떻게 생산 수단, 그러니까 생계 노동을 취하지 않을 수 있겠는가! 아무도 농사꾼에게 호흡 수련이나 근육 운동을 권하지 않는다.

인구 열의 아홉 이상이 실제로 밭을 갈아서 먹고 산다. 열의 나머지가 압도적으로 많은 다수의 본을 받아 최소한 자기 양식을 장만할 만큼 노동하며 산다면 세상이 얼마나 더 행복하고 건강하고 평화로워질 것인가! 그들이 손을 내밀어 거든다면 농업에 종사하는 이들의 수고가 덜어지고 그간의 그릇됨들이 쉽게 바로잡힐 것이다. 모든 사람이 예외 없이 생계 노동의 당위성을 알고 받아들이면 불공정한 계급 차별은 사라질 것이다. 모든 계급에서 그리될 것이다. 세계적으로 자본가와 노동자 사이에 갈등이 있고, 가난한 자들은 부자들을 시샘한다. 모든 사람이 생계를 위해서 노동한다면 계급 차별은 자취를 감출 것이다. 부자들은 여전히 존재하겠지만 자기 자신을 재산 관리자로 여기고, 주로 공공 이익을 위해서 자기 재산을 사용할 것이다.

비폭력 원리를 지키고 '진실'을 숭배하고 맑은 삶을 사는 것이 자연스러운 행위로 된 사람에게는 생계 노동이야말로 진정한 축복이다. 이 노동에 진실히 연관되는 것은 농사뿐이다. 하지만 어쨌거나 지금은 모든 사람이 농사일을 할 처지가 못 된다. 그래서 밭을 가는 대신 누구는 실을 잣거나 천을 짜고 누구는 목공으로 일하거나 대장장이로 일한다. 그래도 언제나 농사를 이상으로 삼는다.

모든 사람이 자기 쓰레기를 치우는 청소부가 되어야 한다. 배설은 먹는 일 못지않게 필요한 것이다. 사람마다 자기가 버린 것을 자기가 치우면 그것이 최선이다. 그게 불가능하면 집집마다 제 집 쓰레기를 치우면 된다. 나는 쓰레기 치우는 일이 사회의 특수 계급에 맡겨진 데서 뭔가 근본적으로 잘못되었음을 오랫동안 실감해왔다. 이 기본적인 위생 봉사의 역할을 최초로 가장 낮은 계층에 맡겨버린 사람이 누군지를 말해주는 역사 기록은 없다. 하지만 그가 누구였든 간에 우리를 위해서 좋은 일을 한 사람은 절대 아니다. 아주 어려서부터 우리 모두가 청소부임을 일깨워주는 교육을 받았어야 했다. 그리고 그렇게 하는 가장 쉬운 방법은 청소부로 생계 노동에 착수하는 것이다. 이렇게 의도적으로 택한 청소부 일이 인간 평등의 참된 값을 제대로 이해하는 데 도움을 줄 것이다.

𝄕

직업 자체가 다양한 분업으로 이루어지는 오늘의 현실에 문자 그대로 적용하기 어려운 얘기인 건 사실이다. 하지만 사람이 자기 손으로 수고하여 먹고 살아야 한다는 기본 원리는 여전히 존중되어야 한다. 천한 직업이 따로 없다는 말이, 그냥 말로만 그치지 않고, 구체적으로 실현되어야 한다. 그리 어려운 일도 아니다. 환경미화원 임금을 회사 임원의 임금 수준으로 올리면 된다. 농어민의 생활비와 도시 회사원의 생활비를 균등하게 하면 된다. 간단하다.

무슨 꿈같은 소리냐고? 그렇다, 꿈은 꿈이다. 하지만 사람으로 태어나 이런 꿈을 꾸지 않는다면, 이런 꿈을 실현코자 노력하지 않는다면, 그러고도 사람이라 할 것인가! 간디의 말은 현실이 그렇다는 게 아니다. 그렇게 살아보자는 얘기다. 되거나 말거나 결과엔 상관없이 그런 세상을 삶의 이상으로 삼고서 살아보자는 얘기다.

예수의 사도를 자칭한 바울로는 데살로니카 교회에 보낸 편지에서 이렇게 말한다. "우리는 그대들과 함께 있는 동안 게으름을 피우지 않았고 누구한테서도 공짜로 빵을 얻어먹지 않았소이다. 오히려 그대들 가운데 어느 한 사람한테도 폐를 끼치지 않으려고 밤낮으로 수고하며 힘든 노동을 한 것은 그대들에게 주장할 권리가 없기 때문이 아니라 우리 자신을 모범으로 보여 본받게 하기 위해서였습니다. 우리는 그대들과 함께 있으면서 '일하기 싫은 사람은 먹지도 말라.'는 말을 자주 했지요. 그런데 듣자하니 그대들 가운데 게으름을 피우면서 아무 일도 하지 않고 괜히 일만 만드는 자들이 있다더군요. 우리가 주 예수 그리스도의 이름으로 그런 자들에게 명하고 권합니다. 조용히 자기 손으로 일해서 먹고 사십시오."

관용 1

나는 관용-tolerance이라는 말을 좋아하지 않지만 더 좋은 말을 찾지 못하겠다. 관용은 다른 신앙들의 열등함을 호의적으로 인정해준다는 뜻인데, 아힘사는 다른 사람들의 신앙을 자기 것과 마찬가지로 존중하고 그래서 자기 신앙의 불완전함을 받아들이라고 가르친다.

이런 수용은 '사랑'의 법을 따르고 '진실'을 탐색하는 사람들한테서 쉽게 이루어질 것이다. '진실'을 완벽하게 볼 수 있다면 우리는 더 이상 구도자가 아닐 것이고 신과 하나일 것이다. '진실' 곧 신이기 때문이다.

하지만 구도자일 따름인 우리는 우리의 탐색을 계속하고, 자신의 불완전함을 잘 알고 있다. 우리가 불완전하면 우리가 아는 종교 또한 불완전하지 않을 수 없다. 우리는 신을 깨치지 못했듯이 완전한 종교를 깨치지 못했다. 우리가 알고 있는 종교는 그래서 불완전하고, 항상 진화와 재해석의 길을 밟아야 할 대상이다. 오직 그 진화 덕분에 '진실'을 향한 여정이 가능한 것이다.

사람들에 의하여 윤곽이 그려지는 모든 신앙들이 불완전한 이상, 어느 신앙이 상대적으로 더 이로운지를 따지는 건 의미 없는 일이다. 모든 신앙은 '진실'의 계시들로 구성되지만 그 모두가 불완전하고 자칫하면 오류에 빠지기 쉽다. 다른 사람들의 신앙을 존중한다고 해서 그들의 잘못을 눈감아줄 것까지는 없다. 마찬가지로 우리 신앙의 결점들에 대해서도 민감하게 깨어 있어야 한다. 또 그것들을 그냥 내버려두지 말고 극복코자 노력해야 한다. 우리가 모든 종교들을 공정한 눈으로 보게 되면 다른 신앙의 받아들일 만한 요소들을 자기 신앙에 섞어 넣는 일에 망설이지 않을 뿐 아니라, 그것을 자신의 임무로 여길 것이다.

이에 우리는 묻게 된다, 왜 서로 다른 신앙들이 저토록 많이 있어야 하는가? '영혼'the Soul은 하나지만 그것이 생기를 주어 살게 하는 몸들은 여럿이다. 우리는 그 몸들의 수를 줄일 수 없다. 하지만 그래도 '영혼'의 단일함은 알고 있다. 나무 기둥은 하나지만 가지와 잎들은 수없이 많은 것처럼 참되고 완벽한 '종교'Religion는 하나지만 인간이라는 매체를 통과하면서 많아진 것이다. 그 한 '종교'는 인간의 언어를 초월한다. 불완전한 인간들이 그것을 제 맘대로 언어에 담고 그 언어들을 똑같이 불완전한 인간들이 해석한다. 과연 누구의 해석을 옳다고 할 것인가?

누구나 본인의 자리에서 보면 스스로가 옳다. 하지만 모두가 그르다고 말할 수 없는 것도 아니다. 그래서 관용이, 다른 신앙들에 무관심하다는 뜻에서가 아니라 그것들을 좀 더 이해하고 순수하게 사랑한다는 뜻에서의 관용이, 필요하다. 관용은 우리에게 영적 통찰을 안겨주는데, 그것과 광신의 차이는 남극에서 북극만큼 거리가 멀다. 종교에 대한 참된 이해는 신앙과 신앙 사이의 장벽들을 무너뜨린다. 다른 신앙들에 대한 관용을 배양하면 자기 신앙을 좀 더 진실히 이해할 수 있을 것이다.

관용은 분명 옳고 그름, 선과 악의 차이를 혼동하지 않는다. 여기에서 우리가 말하는 것은 물론 세계의 주요 신앙들이다. 그것들 모두가 공동의 기반 위에 세워져 있다. 그것들 모두에서 위대한 성인들이 배출되었다.

종교의 이름으로 사람들이 서로 싸우는 것은 그만큼 세상에 종교가 필요하다는 사실의 반증이다. 사캬무니 붓다와 나사렛 예수는 서로 싸울 수 없는 존재들이다. 빛은 어둠을 상대로 싸워서 이기는 무엇이 아니라 어둠을 상대로 싸울 수 없는 무엇이다. 붓다가 누구를 적으로 삼아서 싸웠다면, 예수가 누구를 원수로 적대했다면, 그래서 승리했다면, 그들은 붓다도 아니고 예수도 아니다.

하지만 종교인들이 종교의 이름으로 분쟁하는 것은 당연한 일이다. 누가 누구를 상대로 싸우거나 하지 않는다면, 그 사람은 종교인이 아니라 성인이다. 종교인은 아직 제가 몸담은 종교의 교주에 미치지 못한 인간들이다. 그러기에 참된 종교인이면, 다른 무엇이 아니라 오직 자신의 성숙을 위하여, 다른 종교들한테서 배우려는 자세를 갖출 필요가 있다. 그런 열린 마음으로 정진하면 언젠가 간디처럼, 프란체스코처럼, 종교의 틀에서 벗어나 '자유로운 영혼'으로 살 수 있을 것이다.

관용 2

관용에 대하여 좀 더 말해보겠다. 여기서 내 경험을 얘기하면 내가 하는 말의 뜻이 더욱 분명해질 것이다. 피닉스 아쉬람에서 우리는 사바르마티 아쉬람에서 했던 것과 동일한 방식으로 날마다 기도회를 가졌는데 무슬림과 그리스도인이 힌두교인과 함께 참석했다. 루스톰지 세드와 그의 자녀들도 자주 기도회에 왔다. 루스톰지 세드는 생전에 구자라트 지역의 찬가인 〈소중한, 내 소중한 라마〉를 매우 좋아했다.* 내 기억이 정확하다면, 한번은 마간랄 아니면 카슈의 선창으로 이 노래를 부르는데 루스톰지 세드가 들뜬 목소리로 외쳤다. "라마 대신 호르마즈드를 부릅시다!"** 그의 제안은 즉시 받

* 라마는 힌두교 신인 비슈누의 일곱 번째 화신

68

아들여졌고 그 뒤로 우리는 루스톰지 세드와 함께할 때나 그가 없을 때나 라마 대신 호르마즈드를 넣어 불렀다.

피닉스 아쉬람을 가끔 방문하던 다우드 세드의 아들 후사인도 생전에 열성적으로 기도회에 참석했는데, 오르간 반주에 맞추어 아주 달콤한 음성으로 〈세상 화원은 아주 잠깐 꽃을 피우고〉를 부르곤 했다. 그가 이 노래를 우리에게 가르쳐주었고 우리는 그것을 기도회에서 함께 불렀다. 우리의 찬가 목록에 그 노래를 넣은 것은 '진실'을 사랑한 후사인을 추모하기 위함이었다. 후사인만큼 '진실'을 경건하게 실천하는 젊은이를 나는 아직 보지 못했다.

요제프 로예펜도 자주 피닉스 아쉬람에 들렀다. 그리스도인인 그가 좋아하는 노래는 〈그이는 비슈누교인, 절망에 빠진 이들을 건져주네〉였다. 다른 사람들은 그가 경쾌하게 독경讀經하는 것을 들어주었고, 그것이 요제프의 가슴을 기쁨으로 흘러넘치게 하는 것을 나는 지켜보았다.

나는 스스로 만족하고 싶어서 다른 신앙의 경전들을 들춰보다가 그리스도교, 이슬람교, 조로아스터교, 유대교, 힌

●●　호르마즈드는 조로아스터교의 최고신

69

두교 들을 내 나름으로 충분히 이해했다. 당시에는 몰랐지만, 그 경전들을 읽는 중에 그 신앙들을 동등한 마음으로 대하게 된 것 같다. 당시를 회고하면, 내가 속한 종교가 아니라는 이유로 다른 종교들을 비판할 의사는 전혀 없었고 오히려 존중하는 마음으로 각 성서들을 읽으면서 그것들 안에 있는 동일한 바탕 도덕률을 발견하였다. 어떤 것은 당시에도 이해할 수 없었고 지금도 이해 못하지만, 자기가 이해할 수 없기 때문에 잘못된 것이라고 서둘러 단정 짓는 것이야말로 잘못임을 그 경험이 나에게 가르쳐주었다. 처음에는 이해할 수 없었지만 나중에 대낮처럼 분명해진 것들도 있다. 평등심을 가지면 많은 어려움을 해결하는 데 도움이 되고, 무엇을 비판할 때도 겸손하고 공손하게 자기 생각을 표현하면 뒤에 아무 상처도 남지 않는다.

종교들이 서로 평등하다 생각한다고 해서 종교와 무종교irreligion의 차이를 폐지하는 건 아니다. 무종교를 포용하자고 제안할 생각은 없다. 하지만, 반대하는 사람들도 있겠지만, 나는 사람들이 저마다 무엇이 종교고 무엇이 무종교인지를 결정한다면 평등심이 들어설 자리는 없을 거라는 걸 말하고자 한다. 우리가 '사랑'의 법을 충실히 따른다면 무종교인을 향해서 아무런 증오심도 품지 않을 것이다. 오히려 그를 사랑할 것이고, 그러면 우리가 그로 하여금 그의 길이 어떻게 잘못되었는지를 보게 해주든지, 아니면 그가 우리의 잘못을 보여주든지, 그도 아니면 서로 상대의 다른 견해를 너그러이 받아줄 것이다. 상대방이 '사랑'의 법을 따르지 않을 경우에는 그가 우리에게 폭력을 행사할 수도 있다. 그렇더라도 우리가 진정으로 '사랑'의 법을 지키면 마침내는 그가 자기의 비정함을 극복하게 될 것이다. 우리가 보기에 잘못된 길을 가고 있는 사람들을 참아주고 필요할 경우 그로 인한 고통을 감수해야 한다는 황금률을 지킬 때, 그때에 비로소 우리 길의 모든 장애물이 사라질 것이다.

진실로 간다는 '말'을 입으로 한 사람이 아니라 몸으로 산 사람이다. 그리고 그의 주변에는 같은 생각으로 함께 걸어가는 수많은 길벗들이 있다. 모두 행복한 사람들이다. 우리도 그들의 행렬에 끼어들 수 있다. 아무도 말리지 않는다. 말리지 못한다. 우리가 속한 교단조차도, 우리를 추방할 수야 있겠지만, 우리가 가는 길을 막지는 못한다.

간디가 말했다지, "나는 힌두교인이요 무슬림이요 불교인이요 그리스도인이다." 언론이 말하는 '사실'인지는 모르겠으나, 그에게 이 말이 '진실'인 것은 의심할 나위가 없다.

겸손

겸손 자체를 계로 볼 수는 없다. 일삼아 수련해서 겸손해지는 게 아니기 때문이다. 하지만 아힘사의 진위를 시험하는 데 반드시 필요한 것이 겸손이다. 속에 아힘사가 있는 사람은 그 성품이 겸손하기 마련이다.

사트야그라하 아쉬람 법규집 초안이 고故 스리 구루다스 바네르지를 포함한 몇 동료들 사이에서 회람되었는데, 그때 그가 겸손을 계들 가운데 하나로 넣자고 제안했다. 하지만 앞에서 말한 이유 때문에 그 발의는 받아들여지지 않았다.

겸손을 계로 볼 건 아니지만 그래도 그것이 본질적인, 어쩌면 다른 무엇보다도 본질적인, 것임은 분명한 사실이다. 다만 수련으로 이룰 수 있는 것이 아닐 뿐이다. '진실'은 '사랑'과 마찬가지로 배양될 수 있다. 그러나 겸손을 배양하는 것은 위선을 배양하는 것과 같다. 여기서 겸손을 단순한 매너나 에티켓으로 혼동해서는 안 된다. 사람은 다른 누구에게 속으로 잔뜩 뒤틀려 있으면서도 그의 면전에서는 얌전하게 굴 수 있다. 그건 겸손이 아니라 교활함이다. 입으로 신을 찬양하는 노래를 부르고 하루 종일 염주를 굴리면서 현자처럼 행세하지만 속마음은 이기적이고 전혀 온순하지 않고 위선적일 수 있는 게 인간이다.

겸손한 사람은 자기 겸손을 스스로 의식하지 않는다. '진실' 같은 것은 재어볼 수 있지만 겸손은 아니다. 겸손을 타고난 사람은 그것을 감추지 못한다. 그래도 본인은 그것이 자기 안에 있는 줄 모른다. 바시슈타와 비슈바미트라 이

● 현자인 이 둘 가운데 사람들이 바시슈타를 더 존경하고 따르자 비슈바미트라가 비슈누 앞에 가서 그 이유를 묻는다. 이에 비슈누가 말한다. "지상으로 내려가 당신들보다 못한 사람 천 명에게 음식을 대접한 후 다시 오시오." 비슈바미트라는 지상으로 내려가 사람들 천 명에게 음식을 대접한 다음 비슈누에게 금방 돌아온다. 하지만 바시슈타는 오전 오후가 지나고 늦은 밤이 되어서야 돌아와 이렇게 말한다. "부디 저를 용서해주십시오. 하루 종일 찾아 헤맸지만 저보다 못한 영혼을 품은 사람을 한 명도 못 찾았습니다." 이 말에 비슈바미트라는 자기가 얼마나 어리석었는지를 깨달았다.

야기*에 그것이 매우 잘 서술되어 있다. 겸손은 그것을 지닌 사람으로 하여금 자기가 아무것도 아님을 깨닫게 한다. 자기가 뭐쯤 된다고 스스로 상상하는 바로 거기에 에고이즘이 있다. 어떤 사람이 계를 지키면서 자기가 그것들을 지키고 있다고 우쭐거린다면 그 사람은 덕德의 전부는 아니더라도 그 대부분을 잃을 것이다. 자신의 덕행으로 오만한 사람이 사회에 해악을 끼치는 경우가 흔히 있다. 세상은 그를 인정치 않을 것이고 그 자신도 사회에서 아무런 유익을 거두지 못할 것이다.

아주 조금만 생각해봐도, 모든 피조물이 우주의 원자 한 알만 못한 존재라는 사실을 확인하게 된다. 몸을 입고 살아가는 우리 인생이란 잠시 잠깐일 뿐이다. 영원 앞에서 백년 세월이 다 무엇이란 말인가? 하지만 에고이즘의 사슬을 풀고 겸손의 큰 바다에 스며들면 우리는 바다의 존엄을 나눠 가지게 된다. 자기가 뭐쯤 된다는 생각이 신과 우리 사이에 장벽을 만들어 세운다. 자기가 뭐쯤 된다는 생각을 비우는 것이 신과 하나로 되는 길이다. 바닷속의 한 방울 물은, 비록 스스로 그런 줄 모르더라도, 제 부모의 거대함에 동참하고 있다. 그러나 바다로부터 떨어져 나와 홀로 있게 되면 금방 마르고 만다. 땅 위의 인생이 물거품에 지나지 않는다는 말이 결코 과장이 아니다.

섬기는 인생은 겸손한 인생이 아닐 수 없다. 남들을 위해서 자기 삶을 희생하는 사람은 태양 아래 자기만을 위한 처소를 마련할 시간이 거의 없다. 굼뜸을 겸손으로 잘못 봐서는 곤란하다. 힌두교에서는 여태까지 늘 그걸 경계해왔다. 참된 겸손은 불굴의 끊임없는 노력으로 오직 사람을 섬기는 것이다.

신은 한순간도 쉬지 않고 일하신다. 그분을 섬기고 그분과 하나 되고자 한다면 우리도 그분처럼 피곤을 모르고 행동해야 한다. 바다에서 떨어져 나온 물방울한테는 잠깐 쉴 짬이 있을지 모르나, 쉴 줄 모르는 바닷속의 물방울은 그럴 수 없다. 우리도 마찬가지다. 신의 모습을 띤 바다와 하나 되는 순간, 우리한테는 더 이상 쉼이 없고 쉴 필요도 없다. 우리가 잠자는 것도 행동이다. 마음속으로 신을 생각하며 잠자기 때문이다. 이 쉼-없음이 진정한 쉼을 이룬다. 이 쉼-없음에 말할 수 없는 평화로의 열쇠가 있다. 이 지고한 항복의 상태를 설명하기는 어렵지만 사람이 그것을 체험할 수 없는 건 아니다. 자기를 바친 수많은 영혼들이 그

경지에 이르렀으니, 우리도 그럴 수 있을 것이다. 이것이 사트야그라하 아쉬람의 우리가 스스로 앞에 둔 목표다. 우리의 모든 계와 활동들이, 우리를 도와서 거기에 닿도록 고안된 것들이다. 우리 안에 진실이 있으면 언제고 저도 모르게 그곳에 닿아 있을 것이다.

🖋

자기가 지금 겸손의 미덕을 부리고 있다고 생각하면서 누가 머리를 숙인다면 그건 겸손이 아니라 교활한 기만이다. 성인이 자기를 자랑하지 않는 이유는 자랑할 자기가 세상 어디에도 없음을 잘 알고 있기 때문이다. 붓을 잡은 손이 글을 쓰는 게 자기가 아님을 알았거늘, 무슨 수로 우쭐거리거나 새삼 겸손할 것인가? 세상에 하나뿐인 바다한테는, 향해서 목을 세울 곳이 없고 고개 숙일 곳 또한 없다.

서약

이 연속 편지를 쓰는 동안 나는 서약의 중요성을 어느 정도 가볍게 다루었는데, 아무래도 그것이 신앙생활에 끼치는 영향에 대하여 좀 길게 생각해볼 필요가 있겠다. 규율을 지키는 것의 적절함은 인정하지만 서약이 필요하지는 않다고 보는 세력 있는 학파들이 있다. 심지어 그들은 서약이란 나약함의 표시고 사람에게 해를 끼칠 수 있다고까지 말한다. 어떤 규율이 결과적으로 불편하거나 나쁜 것으로 밝혀졌는데 그런 뒤에도 그것을 고집하는 건 잘못이라는 거다. 그들은 말한다. '술을 절제하는 것은 좋다. 하지만 건강상 이유로 가끔 마시는데 그게 무슨 해가 된단 말인가? 술도 그렇지만 다른 것들도 완전히 끊겠다고 맹세하는 건 쓸데없는 핸디캡이다.'

서약은 단단한 결심이다. 그것은 우리가 유혹에 넘어가지 않도록 도와준다. 어떤 결심을 불편하다는 이유로 꺾는다면 그런 결심은 아무 가치가 없다. 확고한 결단 없이는 진보가 불가능하다는 견해를 인류의 보편적 경험이 뒷받침해준다.

죄를 짓겠다는 서약은 있을 수 없다. 어떤 서약이 처음에는 가치 있는 것으로 보였지만 뒤에 가서 나쁜 것으로 판명되었을 때 그것을 포기할 필요는 분명히 있다. 그리고 사람이 수상쩍은 것에 대하여 서약해야 하는 건 아니다. 인류 보편적 원리로 인식되는 것에 대해서만 서약할 수 있다. 그럴 경우, 우리가 죄를 지을 가능성이란 오직 그냥 해보는 상상 말고는 없다. '진실'에 헌신하는 사람은 자기가 진실을 말해서 누가 상처 입지는 않는지를 끊임없이 살핀다. 진실은 아무도 해치지 않는다고 믿기 때문이다.

온전한 금주도 마찬가지다. 금주하는 사람은 예외적으로 술을 약 삼아 마실 수도 있지만, 서약을 지키기 위해서 목숨이 위태로워지는 것을 준비할 수도 있다. 우리가 금주 서약을 철저히 지키다가 목숨을 잃는다 한들 그게 무슨 문제인가? 술을 마셔서 수명이 늘어난다는 보장은 어디에도 없다. 또한 그렇게 해서 얼마쯤 더 산다 해도 그 목숨이 바로 다음 순간에 다른 이유로 끝날 수 있는 것이다. 반면에, 서약을 지키기 위해서 목숨을 포기한 사람은 술꾼한테서 술을 떼어놓은 것과 같고, 그렇게 해서 세상의 선善을 이루는 위대한 힘이 되기도 한다. 목숨을 대가로 치르더라도 자기 안에 있는 신념을 지키겠다고 고상한 결단을 내리는 그런 사람들만이, 때가 되면 신을 만날 수 있으리라는 희망을 품을 수 있다.

서약은 나약한 자가 아니라 강한 자의 표시다. 어떤 대가를 치르더라도 그리 하겠다는 것이 서약이다. 그래서 그것은 힘의 요새가 된다. 무엇을 '할 수 있는 만큼' 하겠다는 사람은 자신의 오만함과 나약함을 동시에 보여주고 있는 것이다. 나는 내 경우와 다른 사람들의 경우를 통해서 '할 수 있는 만큼'이라는 제한으로 치명적인 구멍이 뚫리는 걸 보았다. 무엇을 '할 수 있는 만큼' 하는 것은 첫 번째 유혹에 무릎 꿇는 것이다. 진실을 할 수 있는 만큼 따르겠다고 말하는 건 괜한 헛소리다. 사업가는 언제 얼마를 '할 수 있는 만큼' 지불하겠다는 어음에 눈길도 주지 않는다. 마찬가지로, 신도 할 수 있는 만큼 진실을 따르겠다는 약속어음 따위 받지 않을 것이다.

신이야말로 서약의 형상이다. 신이 머리카락만큼이라도 자기 법을 스스로 어긴다면 그는 더 이상 신이 아니다. 태양은 위대한 계 지킴이다. 해 덕분에 인간들이 시간을 재고 달력을 만들 수 있게 되었다. 모든 기업이 약속을 지키는 사람들에 의하여 굴러간다. 그 약속이 성품을 계발하거나 자기를 실현하는 데 덜 필요하겠는가? 그러므로 자기-정화와 자기-실현의 목적을 이루기 위한 서약의 필요성을 결코 의심해서는 안 될 것이다.

서약한 것을 반드시 지켜야 한다는 말은 아니다. 누구도 그러겠다고 장담할 순 없는 일이다. 다만, 자기가 서약한 것을 지키기 위하여 목숨까지 내어놓으라는 말이다. 세상이 말하는 '사내다움'을 미연에 포기하지 말라는 얘기다.

"진정한 '사내다움'은, 세례자 요한 같은, 진실에 대한 사랑에 있다. 어떤 값을 치르든, 아무리 많은 사람들이 불쾌하게 여기든, 상관없이 진실을 사랑하는 것이다. 부추기고 보상해주고 칭찬하고 껴안아주는 사람 없어도, 빈 들에서 홀로 외치는 신세가 되었어도, 그런 것 따위 아랑곳하지 않고 자기 원리 위에 우뚝 서는 것이다. 요한은 빈 들에서 혼자 외친다. 솔직히 도읍에서는 아무도 그의 말에 귀 기울이지 않을 것이다. 걸프전쟁 때 그 길을 간 사람들은 아주 적었다. 우리나라[미국] 또는 우리 교회에 진실을 말하는 입이 많지 않은 까닭은 사내다움의 결핍, 누가 뭐래도 자기 길을 담담히 걸어가는 굳은 의지의 결핍에 있다고 나는 생각한다. 오히려 남자들보다 여자들한테서 나는 이 에너지를 더 많이 보게 된다. 특히 교회 안에서…" (리처드 로어 신부)

희생제의 1

우리는 희생제의라는 말을 자주 쓴다. 우리는 물레질을 매일의 참된 희생제의로 격상시켰다. 그러니 희생제의라는 말의 다양한 의미를 생각해볼 필요가 있다.

희생제의는 세속적으로든 영적으로든 돌아오는 대가를 바라지 않고 다른 것들의 안녕과 행복에 이바지하는 행위를 뜻한다. 여기서 '행위'는 행동은 물론 생각과 말까지 포함하는 넓은 의미로 쓰인 말이다. 그리고 '다른 것들'은 인간뿐 아니라 모든 생명을 포함한다. 그런 까닭에, 아힘사의 견지에서 보아도, 인간을 섬긴다는 명분으로 짐승을 희생시키는 것은 희생제의가 아니다. 비록 짐승을 제물로 바치는 얘기가 베다들에서 발견되더라도, 그건 문제가 되지 않는다. 그런 희생제의가 '진실'과 '비폭력'의 근본 잣대에 미치지 못한다는 사실만으로도 논거는 충분하다. 베다에 대하여 학술적으로 뭐라 할 자격이 나에게 없음은 인정한다. 하지만 이 주제에 관해서만큼은, 짐승을 잡아서 바치는 것이 베다 사회의 특징이라 하더라도, 그런 행위가 아힘사를 실천하는 것에 우선하는 건 아니다.

다시 말하는데, 참된 희생제의는 가장 넓은 영역에서 가장 많은 생명의 복지에 이바지하는, 그리고 가장 많은 남자와 여자들이 가장 덜 힘들게 이룰 수 있는, 구체적 행위여야 한다. 그러기에 이른바 고위층의 이익에 봉사하기 위해서 다른 누구에게 나쁜 짓을 하거나 하려고 하는 것은 희생제의가 아니고, 참된 희생제의는 더욱 아니다. 그리고 희생제의의 범주에 들 수 없는 모든 행위가 속박을 더욱 조장한다는 사실을 '기타'가 가르치고 우리의 경험이 입증한다.

이런 의미에서의 희생제의가 없으면 세상은 한순간도 유지될 수 없다. 그러기에 '기타'는 2장에서 참된 지혜를 언급하고 뒤이어 3장에서 그것을 얻는 방편들을 다루는데, 희생제의가 '창조' 자체와 함께 우리에게 온 것임을 여러 가지 말로 설명한다. 이 몸이 우리에게 주어진 것도 오로지 그것으로 모든 '창조'를 섬기기 위해서다. 그렇기 때문에 희생제의를 바치지 않고서 먹는 자는 훔친 음식을 먹는 자라고 '기타'가 말하는 것이다.

순결함으로 자기 인생을 살아가는 사람은 모두가 그 본성에 희생제의를 담고 있다. 우리가 태어날 때 희생제의가 우리에게 왔다. 그러므로 우리는 한평생 빚진 자다. 따라서 우리는 우주를 섬겨야만 한다. 노예들이 저마다 제가 섬기는 주인한테서 음식과 의복과 기타 필요한 것들을 받듯이 우리도 우주의 주님이 내리시는 선물들을 고맙게 받아야 한다. 우리가 받는 것은 그게 무엇이든 선물이라고 말해야 한다. 태어나면서부터 빚진 자인 우리에게는 자기 임무 수행에 따른 보수를 받을 자격이 없기 때문이다. 그러므로 무엇을 얻지 못했다 해서 주인을 원망할 순 없는 일이다. 우리 몸은 그분 뜻에 따라서 가꾸어지거나 버려질 수 있는 그분의 것이다. 이는 불평하거나 측은히 여길 그런 문제가 아니다. 오히려 자연스럽고 즐겁기도 하고 바랄 만도 한 상태이다, '신의 섭리' 안에서 자기 자리가 어디인지를 깨칠 수만 있다면. 우리가 이 위없는 지복을 경험한다면, 실로 우리에게 강한 신앙은 필요치 않다. "너 자신에 대하여 조금도 염려하지 마라. 모든 염려를 신께 바쳐라." 이것이 세상

종교들의 요구인 것 같다.

이 요구는 어느 누구도 겁나게 하지 않는다. 깨어 있는 맑은 의식으로 섬김에 자기를 바친 사람은 날마다 필요한 것을 넘치게 받고 그 신앙 안에서 갈수록 풍요로워질 것이다. 자기 이익을 포기할 준비가 안 된 사람, 자기가 어떻게 태어났는지를 알아볼 준비가 안 된 사람이 섬김의 길을 간다는 건 무척 어려운 일이다. 의식적으로든 무의식적으로든 우리 모두 무엇인가를 섬기며 살아간다. 만일 우리가 의도적으로 섬김의 습관을 들인다면, 섬기려는 마음이 더욱 강해지고 우리 자신은 물론 더 넓은 세계까지 행복하게 해줄 것이다.

"깨어 있는 맑은 의식으로 섬김에 자기를 바친 사람은 날마다 필요한 것을 넘치게 받고 그 신앙 안에서 갈수록 풍요로워질 것이다." 간디의 이 말은 진실이다. 하지만 그것이 진실임을 알려면 실제 삶에서 깨어 있는 맑은 의식으로 세상을 섬겨야 한다. 누구의 말이 무슨 뜻인지를 아는 유일한 방법은 그가 말한 대로 해보는 것이다.

"내 뜻대로 마시고 아버지 뜻대로 하십시오." 이것이 예수의 평생 기도였다. 자기 뜻을 아버지 뜻 앞에서 비우는 것이 그의 유일한 뜻이었다는 말이다. 성바울로가 본 예수도, "우리를 위해서 당신 자신을 향기로운 제물로, 희생 제물로, 하느님께 바친" 사람이었다.

사람 몸은 수많은 기관들로 이루어졌는데 그 모든 기관들이 저에게 주어진 일을 묵묵히, 다른 기관들을 비웃거나 시샘하지 않으면서, 감당하는 것으로 각자 제물이 되어 온몸을 섬긴다. 사람들이 저마다 자기 몸처럼만 산다면 세상에 성인군자가 따로 있을 까닭이 없다.

희생제의 2

지난주에 희생제의에 대하여 썼지만 좀 더 써야겠다. 인류와 함께 창조된 원리에 관하여 조금 더 생각해보는 것도 가치 있는 일이리라. 희생제의는 하루 스물네 시간 수행할 임무 또는 봉사행위다. 그러므로 "고귀한 이의 재산은 남의 이익을 위한 것이다." 같은 격언은, '자애로운 행위'에 조금이라도 베푼다는 기미가 있으면, 온당치 못한 것이다.

바라는 바 없이 섬기는 것은 남한테가 아니라 자기한테 베푸는 것이다. 우리가 빚을 갚는 것도 자기 자신을 섬기는, 자기 짐을 가볍게 하고 의무를 다하는 것일 뿐이다. 다시 말하는데, 선한 사람만 그런 게 아니라 우리 모두 자기한테 있는 것을 인류의 처분에 맡기도록 되어 있다. 그것이 법이면, 그것은 명백한 법인데, 우리는 더 이상 자기 맘대로 할 수 없고 버림renunciation의 길을 가야 한다. 버림이 사람을 짐승과 다르게 해준다.

　이에 반대하여, 삶을 그렇게 이해하면 산다는 것 자체가 둔해지고, 예술이 결여되고, 집안에 가장의 설 자리가 없어진다고 말하는 이들이 있다. 하지만 여기서 말하는 버림은 세상을 등지고 숲속에 숨는다는 의미가 아니라, 버림의 정신이 삶의 모든 행위를 지배해야 한다는 뜻이다. 어느 가장이 삶을 자기 맘대로 하지 않고 자기에게 맡겨진 임무로 여긴다면 그는 가장이기를 그만둔 게 아니다. 어느 상인이 헌신적으로 장사를 하면 천만금이 그의 손을 통하여 유통될 것이되, 그가 진실을 따른다면, 그는 제 능력을 남 섬기는 데 쓸 것이다. 따라서 누구를 속이거나 투기하지 않고, 단순하게 살며, 살아 있는 영혼 하나에게라도 상처 입히지 않고, 사람 하나를 해치느니 백만금을 잃을 것이다.

　그렇게 장사하는 상인은 상상 속에나 있는 것이라는 생각으로 도망치지 말자. 세계를 위해서 다행스럽게도, 동서양에 그런 존재들이 없잖아 있다. 그런 사람들 숫자가 손가락으로 꼽을 만큼 적은 건 사실이지만 그런 모범을 보이는 사람이 하나라도 있으면 그것은 더 이상 상상이 아닌 것이다. 우리 모두 와드완에 사는 인정 많은 재봉사를 알고 있다. 그런 이발사 한 분을 나도 알고 있다. 우리 모두 그런 직조공을 안다. 좀 더 깊이 살펴보면, 자기를 내어주는 사람들을 우리는 발걸음을 내딛을 때마다 만날 것이다.

의심할 나위 없이, 그런 봉사자들은 자기가 하는 일로 생계를 유지한다. 그러나 생계유지는 그들의 인생 목적이 아니다. 단지 그들의 헌신이 가져다주는 부산물일 뿐이다. 〔공공사업가로 이름난〕 모틸랄은 처음부터 재봉사였고 그 뒤에도 재봉사였다. 하지만 그의 정신이 바뀌자 그의 작업은 예배가 되었다. 그가 남들의 행복과 안녕을 생각하기 시작하자 그의 삶이 진정한 예술품으로 되었다. 섬기는 삶은 예술의 정점이고 참된 기쁨의 충족이다.

희생제의가 부담스럽고 성가시게 느껴지면 그건 희생제의가 아니다. 자기-멋대로는 파멸로, 버림은 불멸로 이어진다. 기쁨은 독립적으로 맛볼 수 있는 무엇이 아니다. 삶에 대한 우리의 태도에 좌우되는 것이다. 이 사람은 신파조 장면을 좋아하고 저 사람은 창공에 펼쳐지는 장면을 좋아할 수 있다. 그러므로 기쁨이란 개인적인 것이자 나라의 교육 문제다. 우리는 어려서 좋아하도록 학습받은 것을 좋아한다. 이는 민족마다 좋아하는 맛이 다른 것만 봐도 쉽게 알 수 있다.

다시 말한다. 많은 이른바 희생자들이 자기는 사람들로부터 필요한 것과 필요치 않은 것을 모두 받을 권리가 있다고 생각하는데, 그것은 그들이 마음에도 없는 봉사를 연출하고 있기 때문이다. 그런 생각은 곧장 사람을 흔들어 그로 하여금 종으로 존재하기를 그치고 사람들 위에 군림하는 폭군이 되게 한다.

제대로 남을 섬기는 사람은 자신의 안일을 생각하는 데 시간을 낭비하지 않고, 그것을 위에 있는 주인이 좌우지간에 알아서 하시도록 내맡긴다. 그렇기 때문에 그는 자기한테 일어나는 어떤 일에도 방해받지 않는다. 지금 자기한테 당장 필요한 것만 취하고 나머지는 버려둔다. 무슨 불편한 일을 당할 때에도 화를 내거나 마음의 평정을 잃지 않고 침착하다. 그의 봉사는, 그의 덕행과 마찬가지로, 그 자체가 보상報償이고 그것으로 그는 만족한다.

다시 말한다. 사람이면 남 섬기는 일에 무관심하거나 뒷짐 지고 있을 수는 없는 것이다. 자기 사업에만 충실해야 한다고, 보수 없이 하는 일은 자기가 선택하는 시간에 자기

방식으로 할 수 있다고 생각하는 그런 사람은 참된 봉사가 무엇인지 기초부터 배워야 한다. 자기 능력을 최대한 발휘해서, 자기를 섬기는 것보다 먼저 해야 하는 것이 자원봉사다. 실제로, 순수하게 자기를 봉헌하는 사람은 아무것도 뒤에 남겨두지 않고 사람 섬기는 데 옹근 자기를 바친다.

자기 아닌 남을 섬기는 것이 진실로 자기를 섬기는 가장 효과적이고 분명한 길이다. 사람들이 이 진실에 눈멀어, 하지 않아도 되는 고생이 심하다. 뿐만 아니라, 자기와 남들을 아울러 괴롭힌다. 어리석음이 태산 같다.

"이 세상에 즐거움이 있다면 그것은 남들의 행복을 갈망하는 데서 오고, 이 세상에 괴로움이 있다면 그것은 자신의 행복을 갈망하는 데서 온다." (샨티데바)

예수도 자기가 세상에 온 것은 사람들로부터 섬김을 받기 위해서가 아니라 사람들을 섬기기 위해서라고, 사람 섬김의 본을 보여주기 위해서라고, 밝히 말한다.

스와데시[•]

정신적인 법은 자연법과 마찬가지로 따로 제정할 필요 없이 스스로 존재한다. 하지만 사람이 무지해서 또는 다른 무슨 이유로 자주 그것들을 외면하거나 어긴다. 그래서 자기가 가는 길을 굳게 하려고 서약을 하는 것이다. 체질적인 채식주의자는 채식주의를 견고하게 하기 위해 따로 서약할 필요가 없다. 고기 요리를 보기만 해도 먹고 싶기는커녕 구역질이 날 테니까.

[•] 이 글은 1930년 예라브다 형무소가 아니라 1931년 간디가 석방된 뒤 기록되었다. 간디는 정치적 금지가 행해지는 곳에서는 이 주제를 공정하게 다룰 수 없다고 생각해서 감옥에서는 이 글을 쓰지 않았다. 스와데시swadeshi는 문맥에 따라 공동체나 개인의 '자급자족'이나 '자립' 혹은 '국산품 애용 운동' 등으로 이해할 수 있다.

'스와데시'는 우리 시대에 명받은 법들의 맨 위에 있다. 스와데시 법은 인간의 본성에 새겨진 것이지만 오늘날에는 망각 속에 잠겨 있다. 그래서 스와데시 서약이 필요하다. 궁극적이고 영적인 의미에서 스와데시는 한 영혼을 흙의 속박으로부터 마침내 해방시키는 것을 의미한다. 흙으로 된 이 장막은 영혼의 항구한 본디 거처가 아니기 때문이다. 그것은 영혼의 전진하는 여정에 장애물이고, 모든 생명과 자기가 하나임을 깨닫는 데 방해가 된다. 그러므로 전체 피조물과 자기를 합일시키고자 노력하는 스와데시 수도자는 육신의 사슬에서 벗어나기를 추구한다.

스와데시에 대한 이 해석이 옳다면, 그 원리를 따르는 사람은 가장 가까운 이웃들 섬기는 데 헌신하는 것을 자신의 첫 번째 임무로 삼을 것이다. 이는 이웃을 뺀 다른 나머지를 배제하거나 그들의 이익을 위하여 봉사하지 않는다는 얘긴데, 다만 겉으로 그렇게 나타나 보일 따름이다. 이웃에 대한 참된 섬김은 그 본질상 멀리 있는 이들에게 해를 끼치는 것이 결코 아니다. 오히려 그 반대다. '개인과 더불어, 그렇게 우주와 더불어'는 우리 마음에 간직해두어야 할 틀림없는 원리다.

반면, '멀리서 펼쳐지는 장면'에 스스로 매료당하여 지구 끝으로 봉사하러 달려가는 그런 사람은 자신의 야망을 이루지 못할 뿐 아니라 이웃에 대한 임무도 완수하지 못한다. 구체적인 예를 들어보자. 내가 사는 특정 지역엔 가까이 사는 이웃들, 친척들, 부양가족들이 있기 마련이고 그들이 나에게 무엇을 부탁하거나 도와달라고 요청하는 것은 너무나 당연한 일이다. 그런데 내가 그들을 모두 등지고서 멀리 있는 낯선 사람들을 섬기러 떠난다고 가정해보자. 그런 나의 결정은 여기 이웃들과 부양가족들의 작은 세계를 원활하게 돌아가지 못하도록 하면서, 공연한 기사도 정신으로 오히려 저기 낯선 세계를 어지럽힐 수 있는 것이다. 그런즉, 가까운 이웃들을 외면하고 무시하는 것은 내가 섬기려는 사람들을 의도하지 않고 해치는 행위로서, 스와데시 원리를 거역한 내가 거두게 될 첫 번째 열매가 될 것이다.

이런 예를 더 드는 것은 어려운 일이 아니다. 그래서 '기타'가 "(우주의 질서에 따라 부여된) 자기 임부를 이루면서 죽는 것이 가장 좋다. 다른 임무에는 위험이 따른다."고 말하는 것이다. 사람의 육신을 에워싼 환경의 맥락에서 해석하면 이 말이 우리에게 스와데시의 법을 제시한다. '기타'가 자기 임무에 관해서 말하는 것은 스와데시에도 똑같이 적용된다. 한 사람의 가장 가까운 환경에 적용되는 자기 임무가 곧 스와데시이기 때문이다.

스와데시 교의敎義가 잘못 이해되었을 때에만 잘못된 결과가 빚어진다. 예를 들어, 내가 가족을 위한다면서 수단방법 가리지 않고 돈을 움켜잡는다면 그것은 스와데시를 우습게 만드는 것이다. 스와데시 법은 정당한 방법으로 가족에 대한 합법적 의무를 다하는 것, 그 이상以上을 내게 요구하지 않는다. 그리고 그렇게 하려고 할 때 나는 어떻게 처신해야 하는지를 자연스럽게 알게 될 것이다. 스와데시를 실현하는 것은 어느 누구에게도 해를 입힐 수 없다. 만일 누구를 해친다면 그것은 나의 임무가 아니라 나를 움직이는 에고이즘이다.

스와데시 법을 좇아서 살아가는 수도자가 일반인을 섬기는 제단에 자기 가족을 희생 제물로 바치는 경우가 있을 수 있다. 그럴 경우에는 그 고의적인 희생이 가족에게 주는 가장 높은 봉사가 될 것이다. "누구든지 자기 목숨을 살리고자 하는 자는 그것을 잃을 것이고, 주인님을 위해서 자기 목숨을 잃는 자는 그것을 얻을 것이다." 이 말은 개인뿐 아니라 가정과 집단에도 적용되는 옳은 말이다. 예를 들어 보자. 우리 마을에 역병이 도는데 그 전염병의 희생자들을 돌보기 위해서 나와 내 아내와 아이들과 집안 식구들의 생존을 도외시한다면, 그리고 가장 소중하고 가까운 이들에게 나와 함께하기를 권한다면, 그럴 때 나는 가족을 파멸시키는 자가 아니라 반대로 그들의 가장 진실한 벗으로서 처신하는 것이다. 스와데시 안에는 이기주의가 들어설 방이 없다. 혹시 거기에 이기주의가 있다면 그것은 더없이 높은 이기주의로서 더없이 높은 애타주의와 다른 게 아니다. 가장 순수한 형태의 스와데시는 우주적 섬김의 최고 경지다.

이런 논리의 연장선상에서 스와데시 원리를 사회에 실현하는 가장 중요하고 필요한 수단으로 내가 발견한 것이 '직물'이다. 나는 스스로 물었다. "쉽게 이해되고 모두에게 인정받고 누구나 할 수 있으면서 동시에 절반쯤 기아 상태에 있는 백성을 먹여 살릴 수 있는 어떤 종류의 섬김이 오늘날 수억만 인도인에게 필요한 걸까?" 이 질문에서 나는, 그 모든 조건을 충족시킬 수 있도록 직물을 짜는 물레를 보급하고 혼자서라도 물레를 돌리라는 답을 얻었다.

물레를 통한 스와데시 실현이 외국이나 인도의 공장 주

인들에게 해를 입힐 것이라는 생각에는 동의할 수 없다. 도둑이 도둑질에서 손을 떼거나 훔친 물건을 주인에게 돌려주는 것은 그렇게 해서 그가 손해를 보는 것이 아니다. 오히려 그 사람은 한편으로는 의식적으로 다른 한편으로는 무의식적으로 이득을 본 사람이다. 마찬가지로 이 세상 모든 아편중독자들과 술꾼들이 아편과 술에서 손을 뗀다면, 그래서 단골을 빼앗긴 아편상이나 술집 주인들을 두고 손해 본 자라고 부를 순 없는 일이다. 그들은 진정한 의미에서 이득을 본 사람들이다. 죄의 값을 삭감해주는 것은 사회적으로나 개인적으로나 결코 손실이 아니다. 그것이야말로 순수한 이득이다.

단순히 물레질을 하고 그렇게 해서 얻은 직물을 걸치는 것이 스와데시 임무의 처음과 끝이라는 생각은 가장 큰 착각이다. 물레는 스와데시 원리를 사회에 실현하기 위하여 불가피한 첫걸음이다. 스스로나 이웃이 짠 직물로 옷을 만들어 걸치고 다니면서 다른 건 외국제품을 좋아하는 사람들을 간혹 보게 되는데, 그들을 가리켜 스와데시를 실현하는 사람이라고 말할 순 없는 일이다. 그들은 그저 유행을 좇고 있을 뿐이다. 스와데시 원리를 따르는 수도자라면 자기 주변을 조심히 살펴, 할 수 있으면 다른 데서 만든 제품보다 질이 떨어지고 값이 좀 비싸더라도 토산품을 애용함으로써 이웃들을 도와주려고 노력할 것이다. 그렇게 해서 그들의 결손을 보상하려고 노력하며, 그들이 결손 때문에 외국제품에 밀려나도록 놔두지 않을 것이다.

하지만 아무리 스와데시라도, 다른 모든 것과 마찬가지로, 맹목으로 시행되면 쓸데없는 것으로 될 수 있다. 그것이야말로 반드시 경계할 위험이다. 외국제품을 단순히 외제라는 이유로 배척하고, 적합하지 않은 물건을 국산품으로 제작하는 데 국가의 자금과 시간을 낭비하는 것은 범죄적 어리석음이고 스와데시 정신에 대한 부정否定이다. 진정한 스와데시 수도자는 외국인을 향해서 결코 악의를 품지 않고 지구 위에 사는 어떤 누구도 적대시하지 않을 것이다. 스와데시주의는 증오의 운동이 아니다. 그것은 더없이 순결한 아힘사 곧 '사랑'에 뿌리 내린 '자아 없이 섬김'의 독트린이다.

국산품 장려가 독립 운동의 한 방편으로 주창되던 시절이 우리나라에도 있었다. 그런데 그것은 숭고하고 정의로운 정신 운동을 외제에 대한 증오와 터무니없는 배척으로 전락시킬 위험이 있다. 간디의 말인즉, 그러는 건 진정한 스와데시가 아니다.

세상 모든 일에 길이 있다. 그 길은 단순하고 선명해서 오해의 여지가 없다. 다른 사람을 사랑하는 것이 자기를 사랑하는 것보다 먼저일 수 없다. 그러기에 자기를 사랑하지 않으면서 남을 사랑할 수는 없는 일이다. 예수도 자기를 사랑하듯이 이웃을 사랑하라고 했다. 길은 순서다. 옛 어른 말씀이, 사물에 뿌리와 가지가 있고 일에 처음과 마침이 있으니 먼저와 나중의 자리를 알면 길에서 가깝다物有本末, 事有終始, 知所先後, 則近道矣고 했다. 스와데시라 해서 예외일 수는 없는 것이다.

"아무리 스와데시라도, 다른 모든 것과 마찬가지로, 맹목으로 시행되면 쓸데없는 것으로 될 수 있다. 그것이야말로 반드시 경계할 위험이다. 외국제품을 단순히 외제라는 이유로 배척하고, 적합하지 않은 물건을 국산품으로 제작하는 데 국가의 자금과 시간을 낭비하는 것은 범죄적 어리석음이고 스와데시 정신에 대한 부정이다. 진정한 스와데시 수도자는 외국인을 향해서 결코 악의를 품지 않고 지구 위에 사는 어떤 누구도 적대시하지 않을 것이다."

간디에게 누가 급히 물었다. "세상에 주는 당신의 메시지가 무엇이오?" 즉석에서 그가 답했다. "나의 삶이 나의 메시지요." 사람들이 진실에 대한 그의 말보다 삶으로 실험된 그의 진실에 주목함으로써, 그런 사람들로 말미암아, 그가 세상에 부활하기를!

옮긴이의 말

영문으로 된 간디 옥중 편지를 역자의 해제 첨부하여 한글
로 옮길 수 있겠느냐는 출판사의 제안을 첫마디로 사양했다.
"간디를 따로 연구한 사람도 아니고, 더군다나 그의 글에 해
제를 붙일 실력이나 자격은 어림도 없는 사람이다."

그랬는데, 결국 지금 이 글을 쓰고 있다. 정말이지 내
맘대로 되지 않는 내 인생이다. 이 글을 읽으시는 분들에
게 그런 일이 있었다는 정도로만 알려드리고 자세한 설명
은 생략한다.

간디의 편지를 읽고 옮기면서, 왜 내가 지금 이 작업을
하고 있는 건지 스스로 물어보았다. 그래서 얻은 답은, 하
려면 오달지게 하고 아니면 말라는, 무슨 그런 말을 이제라

도 들어야 했던 것 같다.

간디가 간디인 이유는 그가 '진실'을 추구하고 그래서 얻은 바를 말로 하고 글로 쓰고 그리고 온몸으로 실현했다는, 적어도 실현코자 최선을 다했다는, 데 있다. 그가 자기 일생을, '진실에 대한 실험'이었다고 술회한 것 또한 누구보다 그 자신에게 엄연한 진실이었다.

간디가 '바가바드기타'와 예수의 '산상설교'를 항상 몸에 지니고 다니면서 그 가르침대로 살고자 노력했다는 말을 어디선가 들었는데, 그 말 또한 진실임을 독자들은 이 글을 읽으면서 이해할 수 있을 것이다.

간디는, 이 세상을 살고 간 수많은 우리 선배 성현들과 함께, 분명한 시공간을 살면서 동시에 그 시공간을 뛰어넘어 영원한 진실에 닿은 '위대한 영혼'이다.

실력이나 자격이야 있거나 말거나, 감히 한 분 스승(예수)을 모시고 그 가르침대로 살고자 천방지축 갈팡질팡 어지러운 인생을 산답시고 나이 일흔을 훌쩍 넘긴 어리석은 한 늙은이로 하여금 오늘 이런 글을 쓰게 해준 출판사가 참 고맙다.

순천에서, 관옥 이현주

간디의 편지

2018년 1월 30일 초판 1쇄 발행
2024년 7월 15일 초판 5쇄 발행

지은이 모한다스 K. 간디
옮긴이 이현주
펴낸이 류지호
편집 이기선, 김희중 · **디자인** 쿠담디자인

펴낸곳 원더박스 (03169) 서울시 종로구 사직로10길 17 인왕빌딩 301호
대표전화 02) 720-1202 · **팩시밀리** 0303-3448-1202
출판등록 제2022-000212호 (2012. 6. 27.)

ISBN 978-89-98602-63-5 (03190)